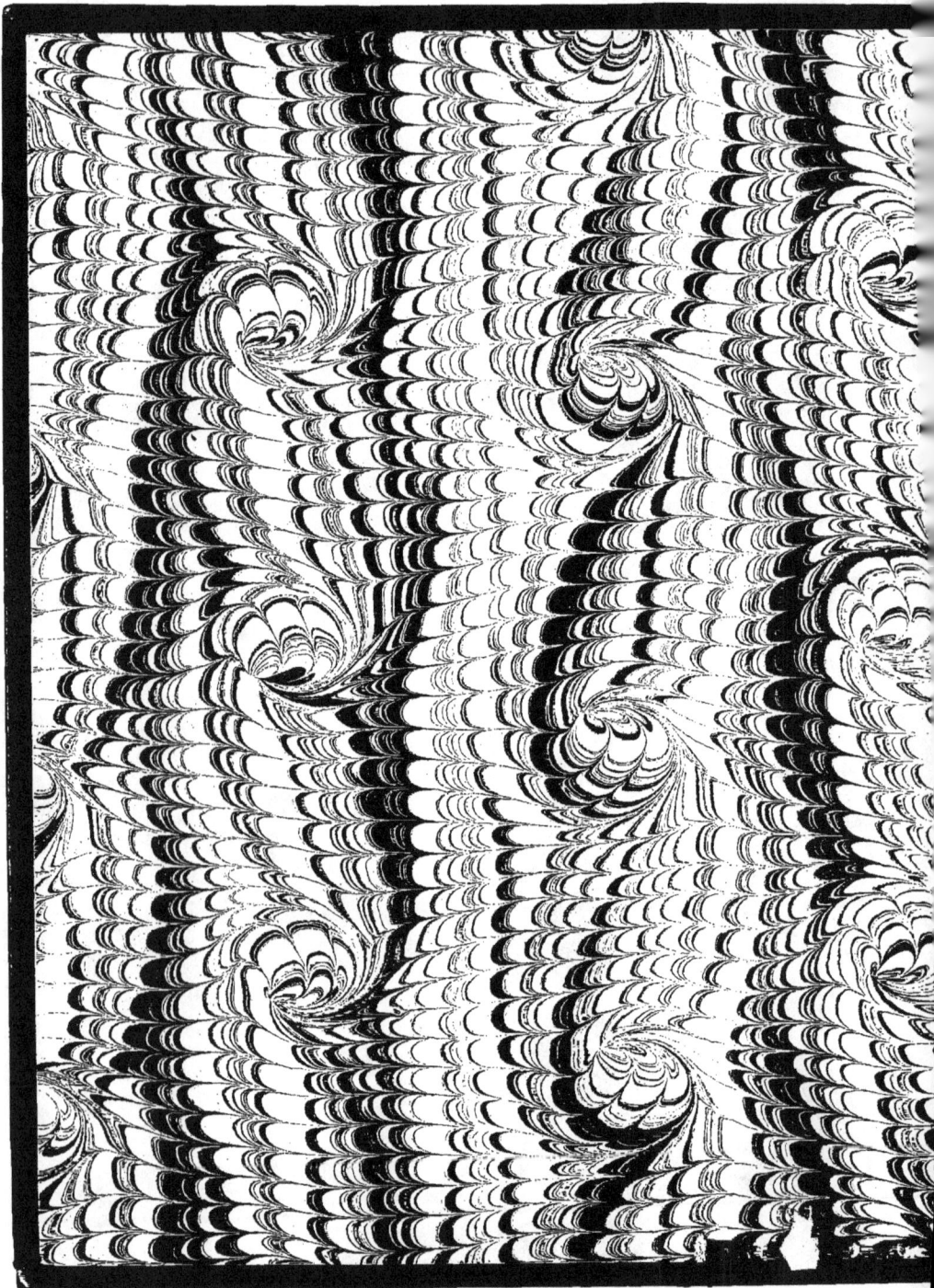

GAB

MONSIEUR OSIRIS

PARIS

EUGÈNE FIGUIÈRE ET Cie, ÉDITEURS

7, RUE CORNEILLE, 7

MCMXI

MONSIEUR OSIRIS

GAB

MONSIEUR OSIRIS

PARIS

EUGÈNE FIGUIÈRE ET Cie, ÉDITEURS

7, RUE CORNEILLE, 7

MCMXI

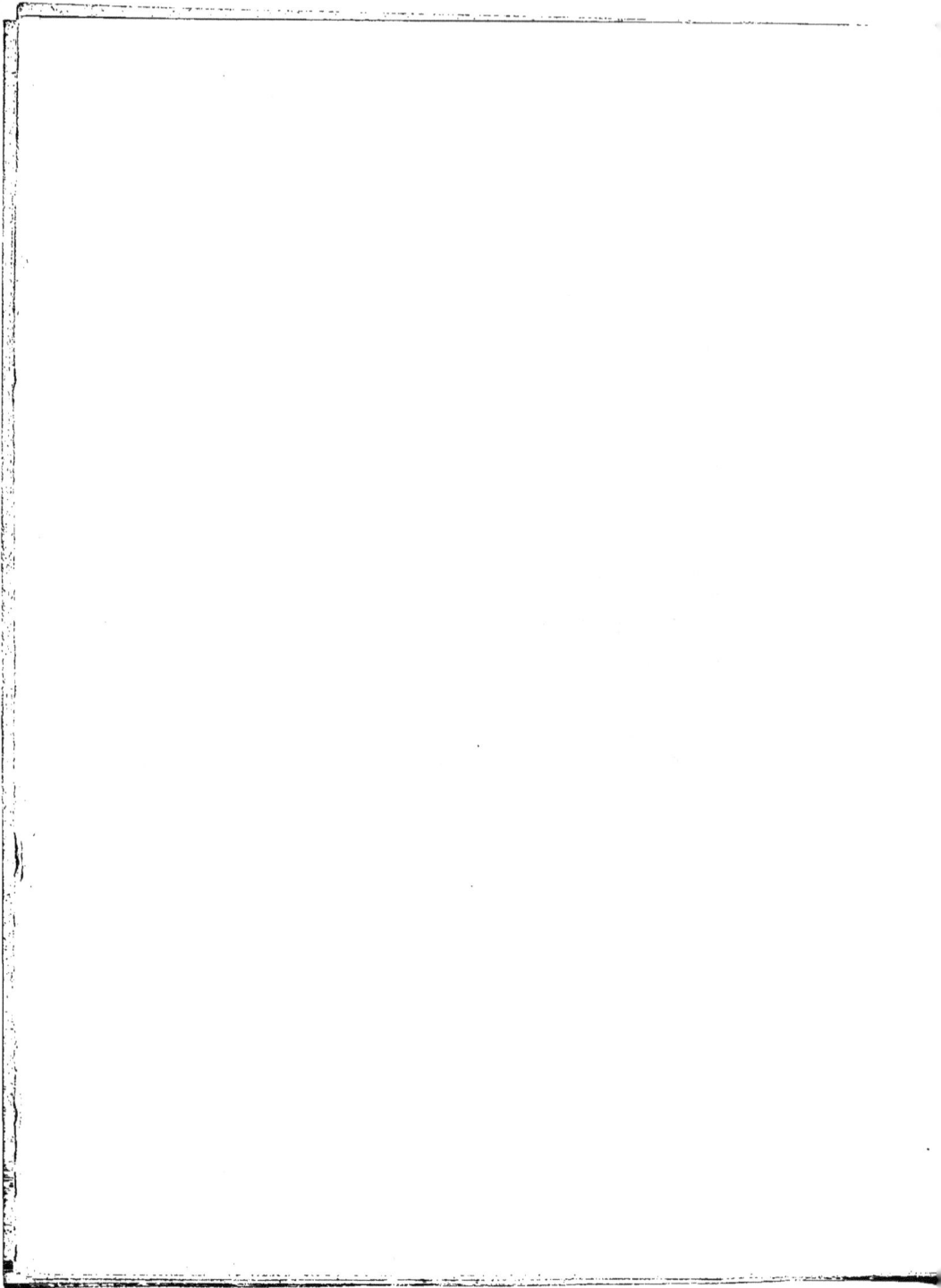

A LA MÉMOIRE DE MONSIEUR OSIRIS

A vous, Monsieur Osiris, de qui j'ai eu le dernier regard, je dédie ce dernier souvenir.

J'ignore qui a eu votre dernière pensée mais je cède à un dernier vœu d'écrire une dernière fois votre nom au-dessus du mien.

Monsieur OSIRIS

Par GAB

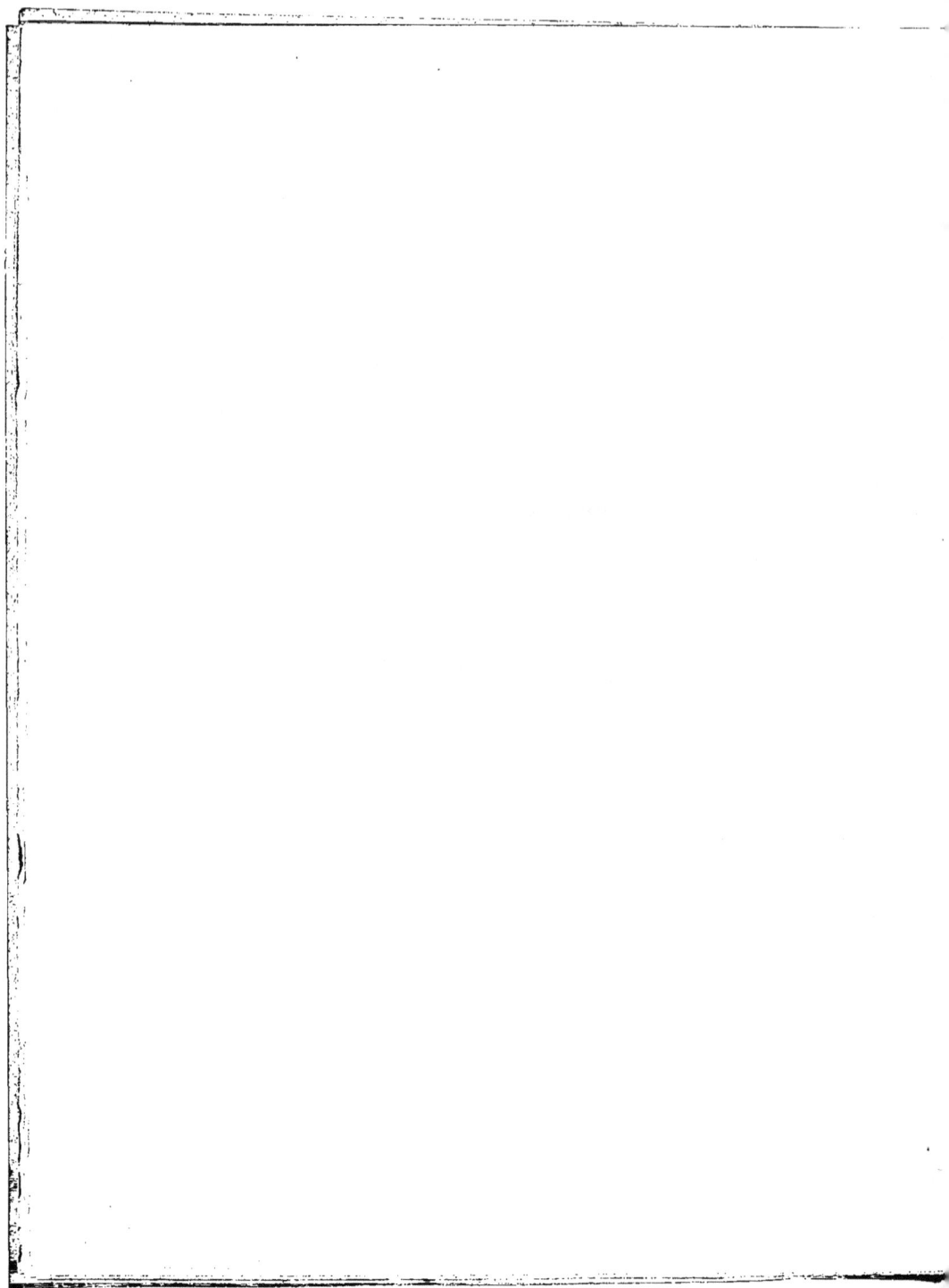

PRÉFACE

Daniel Osiris, qui se plaisait à signer ses œuvres lui-même n'avait d'autre but que d'être utile à autrui. Il a laissé des millions à l'Institut Pasteur où l'on travaille à soulager les maux de l'humanité, je reconnais là, sa pensée constante.

Lorsqu'il vint pour la première fois me parler de ce prix Osiris fondé à l'Institut de France chargé de compter cent mille francs de récompense à l'œuvre la plus éclatante et la plus utile, Francisque Sarcey, qui était là, écoutant, lui dit en riant : « Vous allez « vous donner beaucoup de peine pour faire beaucoup d'ingrats ». — C'est possible, répondit Osiris, raison de plus......, et guidé par Mᵉ Bétolaud, il rédigea avec une précision obstinée à faire le bien, les conditions du prix ; il s'en fallut de peu, alors, qu'on refusa sa libéralité ; il est plus difficile parfois de donner que de recevoir.

Et que d'ennuis lui causa le Château de la Malmaison ! Tout d'abord, les pouvoirs publics ne se souciaient pas d'accepter la donation, puis, pour le meubler, ce fut toute une affaire... enfin, les candidats à la place de conservateur de la Malmaison affluaient chez M. Osiris, en lui réclamant ce poste envié...

« Mais je ne suis plus rien à la Malmaison ; j'ai donné, tout est dit ;
« pour la nomination d'un fonctionnaire cela regarde le ministre »
« — Ah bien oui ! vous allez nous faire croire qu'un Monsieur qui
« offre un château n'est plus puissant pour en faire nommer le
« régisseur ». — « Je ne veux pas vous le faire croire, c'est un fait,
« répondait Osiris. »

A ce jeu, il dut se faire bien des ennemis, car les hommes comprennent plus facilement la brutalité continue que la bonté désar-
mée. Un égoïste a le droit d'être égoïste, comme un butor a celui
d'avoir mauvais caractère, mais un philanthrope qui ne se saigne
pas à jet continu, finit par avoir ses calomniateurs. Osiris avait la
gloriole de sa générosité ; il ne voulait pas qu'un autre prît la
moindre part à ses propres œuvres ; il ressemblait à ces auteurs
dramatiques fiers de leur renommée qui n'acceptent pas de colla-
borateurs.

Lorsqu'il s'agit d'ériger une statue à Balzac ou à Jules Simon,
des gens de lettres allèrent trouver M. Osiris lui demander de
prendre part à la souscription : « Je donne la statue tout entière,
« si vous voulez, répondit-il, mais je ne souscris pas ». Il avait
offert la statue de Guillaume Tell à la Suisse, parce qu'elle recueillit
nos soldats refoulés et soigna nos blessés en 1871 ; — il offrit une
Jeanne d'Arc à la ville de Nancy ; il eut peut-être offert la statue
de Flaubert à la ville de Rouen !

Ce qui est certain, c'est que sa dernière joie fut d'avoir donné
une statue d'Alfred de Musset à la ville de Paris. C'était son
orgueil. « Mon Musset » disait-il, en parlant de l'œuvre d'Antonin
Mercié.

Il avait lui-même rédigé l'inscription du piédestal se promettant
d'aller la relire souvent, lorsque la maladie le terrassa, le condam-
nant parmi ses œuvres d'art, ses tableaux, ses marbres, — cette
collection de petits Osiris en bronze qu'envierait le Louvre — à
une immobilité cruelle, à des insomnies douloureuses, pendant
lesquelles, il cherchait encore, il cherchait toujours, quelle idée il

pourrait trouver pour attacher son nom à une bonne œuvre nouvelle.

Et c'était un spectacle attristant pour ceux qui l'aimaient que
cette lente agonie d'un homme si alerte d'habitude, l'air presque
juvénile encore malgré son grand âge, et qui, redoutable jadis, le
fleuret à la main, était là étendu, regardant de loin ses tableaux
préférés et causeur plein de verve et de souvenirs, presque condamné au silence.

Ce Bordelais avait été un Parisien dans toute la force du terme,
comme cet Aurélien Scholl avec qui il avait autrefois croisé l'épée
dans un duel qui fit alors grand tapage.

— Et cela, disait-il, pour choquer ensuite son verre contre celui
d'un adversaire d'un jour! Rien de plus bête que le duel! Quand
je pense que pour un peu Scholl était tué et tué par moi dont il
devint le fidèle ami!...

C'est là toute la philosophie de la vie, mais on ne la comprend
que lorsque la pièce va finir! Osiris voyait approcher le dénoûment sans révolte : ce millionnaire levait ses bras amaigris et les
laissait retomber sur ses draps en disant :

— « Qu'est-ce que vous voulez ? chacun son tour, j'ai eu de la
« chance, c'est fini, si tout durait, ce serait trop beau ou trop
« triste ».

Il a eu « de la chance », j'aimais Osiris vivant, je suis heureux
qu'on le célèbre mort....

J. C.

Les malheureux que soigneront les savants de l'Institut Pasteur
le béniront et je lui donne un souvenir dans cette vie de Paris
dont il eût dit en souriant : « Mais quoi, c'est la mort à Paris! »

Jules CLARETIE

8 février 1907:

Monsieur Osiris, officier de la Légion d'Honneur, né Daniel Iffla, à Bordeaux (Gironde) le vingt-deux juillet mil huit cent vingt-cinq, est décédé à Paris, dans son hôtel de la rue La Bruyère, le lundi quatre février mil neuf cent sept....

Laissant une fortune d'environ cinquante millions.

Par son testament olographe déposé en l'étude de M⁰ Philippot notaire, Monsieur Osiris désigne l'*Institut Pasteur* comme légataire universel et nomme trois exécuteurs testamentaires :

Monsier Émile Loubet. ancien Président de la République.

Monsieur Bétolaud, membre de l'Institut, ancien Bâtonnier de l'ordre des Avocats.

Monsieur Loiseau, clerc de M⁰ Philippot notaire.

MONSIEUR OSIRIS

M. Osiris, qui, en mourant, a soulevé bien des réflexions, motivé nombre d'articles de journaux et donné matière à des appréciations privées ou publiques, multiples et diverses et surtout contradictoires, apparut, comme un phénomène social que chacun a tenté d'interpréter à son gré et que tout le monde a laissé inachevé dont le résultat, inconnu ou incompris, ouvre la porte à une biographie racontée tout autant qu'à une étude raisonnée,

On a lu avec stupéfaction son acte testamentaire, on a rapproché sa naissance pauvre, de sa fin enrichie, on a été surpris de la différence des chiffres, allant de zéro franc à cinquante millions — on a comblé diversement cette lacune d'argent acquis, on a discuté son appropriation — enfin, on a dépeint l'homme au physique et tenté de le définir au moral... ce fut une énigme!

Une énigme dont le mot restant à trouver, j'ai tenté de le chercher.

. . . .

Certains êtres semblent nés pour quelque chose de précis, dans un but déterminé que le sort leur assigne, ce sont les prédestinés.

M. Osiris est de ceux-là !

Débuter petit employé pour devenir tant de fois millionnaire est le fait d'un instinct surnaturel, propre seulement à quelques-uns : M. Osiris récolte pour semer, s'enrichit pour donner et fait de nos jours, pour la médecine, les frais d'une humanité sauvée par la science, ce que Jacques Cœur a fait au Moyen-Age pour l'art, les frais d'une humanité éclairée par la Renaissance. Millionnaire et argentier ont ennobli l'argent par le but qu'ils lui ont donné ; qu'il vint de la spéculation ou du négoce, qu'il commandite l'étude ou étaie le talent, tous deux sont de généreux donateurs.

En ce qui touche M. Osiris : M. Osiris apparaît sous deux formes : l'homme qui fait sa fortune et le philanthrope qui en dispose.

A peine instruit à l'École Turgot, il entrait à quinze ans petit employé de banque chez l'agent de change, Moreau, aujourd'hui, M. Verneuil, où il exerça son aptitude comptable en la développant. Ce fut sa chance : cette adaptation de sa vocation naturelle à sa carrière d'élection fit de lui un homme foncier du genre, un spécialiste financier, le premier de son époque.

On l'a dit avec vérité, M. Osiris était sans raison sociale ; son succès tient à sa nature personnelle et au sort heureux qui l'a secondé. Sa Providence s'est révélée en le mettant à même de cultiver sa faculté — l'expérience acquise unie à sa force initiale, ont fait de lui cette puissance enrichie. Il achetait des titres « qu'il levait » en style de Bourse et il attendait que le temps ait secondé son idée en donnant aux titres la valeur prévue et attendue pour les revendre, avec quel bénéfice ? La boule de neige se formait tout doucement pendant qu'il vivait sagement, petitement d'abord en millionnaire d'unique million alors qu'il le fut tant de fois et de combien ! C'est ce jeu de ses capitaux qu'il appelait ses « campagnes. » On a dit aussi qu'il avait su spéculer sur la rente.

On a dit autre chose de M. Osiris et de sa fortune : étant à la Bourse, M. Osiris aurait spéculé avec hardiesse et réussi avec un succès inouï. On y a greffé le roman de son mariage — M. Osiris aimait une jeune fille, celle qui fut sa femme — l'ayant demandée à son père, elle lui fut refusée, parce que M. Osiris n'était pas riche… M. Osiris désespéré aurait joué le tout pour le tout, à la Bourse, et les opérations finies, en aurait retiré une fortune relative.

S'il a joué par amour l'amour l'en a récompensé ; il a

épousé celle qu'il aimait!... Quoiqu'il en soit, cette fortune s'accrut
avec le temps — son livre « portefeuille » ouvert à douze millions, se clôturait à quarante millions. Il l'avait augmentée petit
à petit; comme on vieillit, chaque année ajoutait un chiffre au
chiffre précédent — elle progressa autant par les dons naturels de
M. Osiris que par ceux acquis professionnellement et, aussi avec le
concours d'un sort heureux.

Exceptionnellement doué, il fut ce qui nous appelons, « né sous
une heureuse étoile » et que les Allemands définissent par :
« naître avec une cuillère d'argent dans la bouche » et que Paul
Adam traduit ainsi : « la Victoire de l'esprit sur la force.

Tous ces moyens réunis chez lui, en face de l'argent, ont mis
le gros poids dans la balance de ses intérêts et s'il réussit avec
autant de science que de chance, ce fut par un coup de hardiesse
pour le début de sa fortune et par l'œuvre du talent pour sa
progression.

On a demandé aussi d'où lui venait son nom « Osiris », alors que
son nom familial est Iffla.

Il lui vient de sa mère! Sa mère enceinte de lui, avait le souci
de son propre frère marin au long cours, embarqué sur le bâtiment
l'*Osiris* qui courait les pires dangers. Dans l'attente de ces
deux événements : la venue d'un enfant et la vie sauve de son frère,
la pauvre mère fit ce vœu : « Si l'enfant à naître était un fils, pour
« remercier Dieu et conserver impérissable le souvenir de ce double
« bienfait, l'enfant porterait le nom d'Osiris ».

Le frère est revenu, l'enfant fut un fils; il s'appela Osiris. Et
M. Osiris fit reproduire en réduction son providentiel parrain, le
navire l'*Osiris*, qu'il conserva cultueusement, comme une relique
familiale et sacrée de sa mère et de sa naissance, exposé dans la
salle d'armes de son hôtel, pendant qu'au fronton de la porte, était
sculpté le monogramme d'Osiris, — et que lui Daniel Iffla gardait
son prénom d'Osiris pour s'en faire un nom social, prédestiné
comme lui qui veut dire Bien et devait le conduire au bien.

Bien! Toute la vie de M. Osiris se résume en ces deux mots :
Faire le Bien! ce qu'il fut, ce qu'il fit, ce qu'il aima, ce qu'il rêva.

Le Bien est dans son nom; le Bien est dans sa conduite, puisqu'il
a donné le sien; le Bien est dans son goût; il s'en est fait un cadre
par l'art; le Bien est dans son idéal; il en a fait le but de sa vie.
Tout part d'un principe : le Bien et tout aboutit à un effet : le
Bien.

C'est l'instinct du Bien!

Pour lui-même, il a voulu le bien-être, pour les autres le bienfait, pour les arts, le bien fini et pour l'avenir, le bien général.

A propos du Bien :

Baser la vie d'un être sur un mot familier est une opinion
accréditée par un écrivain moderne, M. Vallery Radot, qui s'ex-
prime en ces termes :

« Un mot, qui revient fréquemment sous la plume d'un auteur,
« trahit, d'une façon charmante, ses sentiments et confirme une
« théorie connue qui a sa valeur psychologique.

« C'est à l'adjectif le plus souvent employé par un écrivain que
« l'on reconnaît, soit sa préoccupation habituelle, soit son genre
« de talent, soit la marque de son esprit... »

Corneille, Bossuet qui avaient le style souverain, répétaient le
mot grand, Mme de Sévigné, qui ne visait qu'à se faire aimer, se
servait à tout instant du mot bon...

M. Osiris employait le mot bien; c'était le mot courant de sa
vie, comme il en fut le dernier. C'était sa réponse intermédiaire
quand il était satisfait et qu'il ne voulait pas dire merci, en double
emploi, ou sans emploi, car il pesait ses mots comme ses actes.
Par exemple, pour un service rendu et payé, il disait : « c'est
bien », comme acquit; mais pour une obligeance venue du cœur par
un sentiment que l'argent ignorait ou ne saurait rendre, il disait
« merci! ». Avec lui, pour conclure toute explication donnée et com-
prise, je n'avais qu'un mot : « c'est dit »; il répondait : « c'est bien »,
et c'était tout...

Un jour, on lui annonça la nouvelle d'un gain d'argent et le porteur exhubérant, après l'exposé de l'affaire, conclut ainsi : « Vous êtes content, Monsieur Orisis? »

« Quand je le suis, vous l'êtes », fut sa réponse et il ne solutionna pas ni en bien, ni en merci... parce qu'il avait payé. Tandis que, dans sa maladie, bien faible et ne parlant plus, pour une lettre que j'avais écrite et portée de mon chef, il me fit signe d'approcher pour me dire tout bas : « Merci! » — Ce fut le dernier entre nous... et de lui, vraiment, c'était bien!

Personnellement, M. Osiris était bien : la tête forte, le front large, les traits réguliers, les cheveux blancs, le teint frais, coloré, avec des yeux bleus transparents, très doux et très fins, l'expression vivace et le sourire facile.

Petit, solidement campé, aux larges épaules, il annonçait un beau tempérament, une bonne santé, une forte armature, façonnée par l'usage.

La Nature l'avait créé fort et fin pendant que la vie le revêtait de sa forme polie, affable, spirituelle et que sa volonté le rendait simple.

Ses dons reçus et ses dons acquis semblaient égaux.

Moralement, un de ses amis, l'a ainsi traduit :

« Philanthrope et égoïste — généreux et avare — idéaliste, généralisateur et individualiste — esprit abstrait et concret. »

Cette figure aux traits opposés s'explique par « l'équilibre » et se dépeint par cette définition : « La force des extrêmes ». M. Osiris était d'aplomb, il ne fléchissait d'aucun côté; s'il avait l'excès d'une vertu, c'était avec son opposition de contre-poids, nature qui semble faite comme la ligne droite d'une balance, l'excessif des autres et l'excès de lui-même actionné au centre d'un seul mot, le Bien.

L'équilibre était l'état fondamental de M. Osiris, dans son tempérament de forte constitution et dans son organisme aux puissantes facultés. De même il surprenait les médecins par la vita...

2

lité de son être, de même, il étonnait les gens spéciaux de métier par la sûreté de son jugement.

Il en résulte des dernières consultations médicales que son cœur avait trente ans d'âge, que ses poumons étaient des soufflets de forge, que seuls ses reins étaient atteints de la grave maladie à laquelle il devait succomber; et, de l'impression générale, que ses appréciations étaient toujours justes, qu'il jugeât par prévision des faits à venir ou qu'il appréciât avec connaissance de cause des faits passés.

Et n'est-ce pas de l'équilibre le plus parfait que cet argent aggloméré qui n'avait d'autre but que celui d'être distribué, c'est-à-dire, rendu par la circulation à une nation, d'où il était sorti par la spéculation.

De l'équilibre encore, cette persévérance presqu'unique. M. Osiris a pris le temps comme collaborateur de tous ses faits voulus; il a su attendre et tout a cédé à sa ténacité. Il a mis dix-huit ans à l'érection de la statue d'Alfred de Musset; trente-trois ans pour l'obtention de sa tombe au cimetière Montmartre; dix-sept ans à faire son testament et cinquante ans pour réunir cinquante-millions…. c'est-à-dire le temps de faire céder le sort.

« Les gens puissants veulent et veillent », a dit Balzac; « le Juif est patient, parce qu'il se sent éternel », ajoute Paul de Saint-Victor.

M. Osiris était en outre, un raisonneur sentimental; la raison était la base de sa volonté comme la santé est celle de la vie, mais le raisonnement n'allait pas sans le sentiment. Dans toute décision où il y avait part d'argent, le cœur jouait son rôle; quand il offrit à Lausanne la statue de Guillaume Tell, d'Antonin Mercié, par l'entremise de M. Ruffi, Président de la République du canton de Vaud, sur l'initiative de Mme Adam, celle qu'on appelle la grande Française, ce fut une grosse dépense pour remercier la Suisse de son dévouement hospitalier à nos soldats de l'armée de Bourbaki qui s'y étaient réfugiés en 1871.

M. Osiris disait à Mme Adam : « Demandez-moi quelque chose

de grand qui exige la grosse somme à donner et qui ait le mérite d'une idée », et Mme Adam spontanément trouva le motif de la grosse somme à mettre dans un don patriotique à faire.

M. Osiris a dépensé près de cent mille francs pour ce souvenir. Il en avait conservé une grande joie intime; quand il en parlait, c'était avec une émotion qui laissait deviner sa secrète pensée : il était heureux d'avoir manifesté à la Suisse un sentiment de reconnaissance personnelle qui était en même temps celui de toute une nation : la France.

La ville de Lausanne a chaleureusement remercié M. Osiris dans un grand banquet qu'elle a offert en son honneur.

Quand il s'est marié, il a basé son mariage d'amour sur sa fortune faite.

Quand il a offert à la Ville de Paris, la statue d'Alfred de Musset qui représente aussi un don coûteux, ce fut par admiration du poète et satisfaire son amitié personnelle pour l'homme qui fut son ami.

Ce qui surprenait, c'est que ce génie de Bourse fut un génie bienfaisant, c'est-à-dire un composé d'opposés; ce pondéré était un sentimental, un idéaliste positif qui fut un sage dans le bien.

M. Osiris, placé à la tête du gouvernement pour employer aux affaires publiques les capacités doublées qu'il dépensait dans les siennes privées, eût rendu d'immenses services à la nation et changé avantageusement la face de bien des choses sociales. Ce spéculateur émérite était né ministre des finances et directeur d'Assistance publique... C'eut été bien pour le Bien.

La force des extrêmes, qui définit une des bases de la personnalité de M. Osiris, menant de front l'infiniment petit et l'excessivement grand, est un don de nature particulièrement féminin.

« La femme dépasse l'homme, a dit Michelet, qui l'explique; elle « atteint dans le menu des choses qui nous échappent; d'autre part, « elle voit par dessus nos têtes, perce l'avenir, l'invisible, — d'où « cette faculté pratique des petites choses, et la faculté sibyllique « qui la mène aux grandes ».

Ce qu'on a taxé chez M. Osiris «d'individualiste généralisateur», des faits concordants le soulignent...

Ses petites économies privées en face de ses cadeaux princiers son don de dix mille francs répartis en prêts de cinquante francs à de petits marchands forains et fabricants en chambre d'objets de jour de l'an, en regard de ses dons colossaux à l'Institut de France, à l'État et à l'Institut Pasteur, donnent raison encore à l'analyse que l'on peut conclure ainsi :

> « Avare, égoïste, pour conquérir
> « Philanthrope généreux pour donner »

Et ce n'en est pas moins bien.

Avare! a-t-on dit de M. Osiris! avare?...

Il est deux états d'âme que l'on confond souvent, bien qu'ils soient différents l'un de l'autre : ce sont l'avarice et le positivisme qu'il convient d'étudier pour juger sainement M. Osiris.

L'avarice est l'accumulement de l'argent pour l'argent, sans but à lui donner; le positivisme est l'attachement aux intérêts matériels, avec la recherche de leur application pratique. L'avarice serait l'accaparement, pendant que le positivisme serait la dépense.

L'avarice est un instinct de nature, une conséquence du tempérament, un vice à l'état de fond, involontaire.

Le positivisme est un caractère estampé dans le naturel de l'individu, un cachet qu'il se donne de façon voulue et réfléchie, une forme à sa mesure, comme un habit qu'on se taille qui modifierait l'instinct d'avarice en lui donnant une raison d'être, et qui en serait la correction, si l'avarice était susceptible de raisonnement, mais l'avare est trop fondamental pour ne pas rester personnel, pendant que le positivisme, détaché de lui-même, songe aux autres; l'avare renfermé reste égoïste, lorsque le positiviste éclairé reporte l'attachement de ses intérêts privés aux intérêts généraux d'une nation. L'un se rétrécit à la mesure de sa coquille, il est de la race de l'escargot, tandis que l'autre s'élargit à celle de l'universalité, il a des ailes...

Si l'avare reste à son point de départ, immuable, le positiviste, à force d'études progressives, est arrivé à fonder une secte et une école de philosophie qui a pour chef et auteur Auguste Comte et pour disciple l'éminent Émile Littré.

Auguste Comte, mort à Paris, le 5 septembre 1857, que son époque a qualifié de « premier Pontife de l'Humanité » et du titre de « Fondateur de la religion de l'Humanité », a laissé de sa vie, une œuvre considérable écrite de patiente prédication, et, garde, gravée sur sa tombe, la devise sacrée du positivisme :

« L'Amour pour principe, l'Ordre pour base, le Progrès pour but. »

Le positivisme, étudié récemment par un de ses disciples, M. Deherme, nous montre la vie sainte et l'œuvre salvatrice de son auteur, Auguste Comte qu'il donne comme le plus grand des « héros, le plus complet par l'esprit, le caractère, comme par le « cœur, celui qui serait à la fois, Aristote et Saint-Paul », puis, s'adressant à ceux qui gâchent une vie sans base, sans ressort, sans but, dans un décevant vagabondage mental, sentimental et moral, il ajoute :

« Le positivisme est vraiment une émancipation intellectuelle, « avec cette supériorité sur le matérialisme, le scepticisme, « l'athéisme qui eux, déguisent une révolte inavouable contre les « obligations morales de l'Eglise ».

La faculté du positivisme est le raisonnement. Son but est l'examen des choses qui peuvent être l'objet d'observations et d'expériences telles, que les lois et les sciences « rejetant l'absolu des causes premières et finales de la vie, comme inaccessibles à l'esprit humain, et, n'acceptant que le temps de la vie comme canevas à ses recherches du juste et de l'exact ».

Le positivisme de doctrine engendre le socialisme qui est la science du développement de l'humanité.

Etant établis ces principes avec leurs sources et leurs résultats, nous savons qu'un homme positif est celui qui s'attache aux choses pratiques et aux intérêts matériels de la vie, et encore aux avantages de la vie, un progressiste pour l'améliorer, soit un humanitaire.

Brisons son enveloppe encore trop étroite et nous trouvons un positiviste de conceptions idéalistes réalisables, un M. Osiris qui va du bonheur de la vie à la vie même et qui rêve la vie infinie...

La vie donnée par Dieu inconscient, et qui, une fois acquise, a sa raison d'être gardée, prolongée, indéterminée par un savant qui cherche ou un sachant qui sait, par celui qu'il a désigné et que le sentiment général approuve...le docteur Roux, tel fut le vœu de M. Osiris et le but de sa fortune; n'est-ce pas l'acheminement vers le Bien?

M. Osiris serait donc un positiviste doublé d'un rêveur, c'est-à-dire un rêveur pratique, un rêveur du monde des chiffres qui étaie de moyens d'actions le rêve de son âme, un rêveur de vie à condition d'en faire les frais, qui assure ses ressources avant d'exprimer son vœu, un rêveur soucieux autant que consciencieux qui casse sa tirelire pour acquérir l'objet de ses désirs.

Un rêveur qui a bâti sur sa fortune acquise, son mariage d'amour et qui, de même, hypothèque sur ses économies, le vague de la science et l'espoir d'une immortalité possible...

Et cette prévoyance pécuniaire qui repose sur l'équilibre de son organisme tient encore de la sagesse; l'expérience lui a servi, à lui, qui utilisait tout... « Par l'argent, il a fait ce qu'il a voulu, comme « il a voulu, quand il a voulu, une chose lui a résisté... la Vie!

Au poids de l'or, il n'a pu s'acheter une heure de vie, ni payer celle de sa femme; alors il a voulu résister et tenter d'arrêter le sort, et, qu'à force d'argent, la science put vaincre la mort en assurant la vie. La vie qui lui a manqué dès le début!...

Jeune, aimant, il a tout perdu, sa femme et ses deux enfants, comme il le dit lui-même dans une lettre : « Trois cadavres en un

jour », voilà ce que l'aurore lui a servi ! Alors il a compris que tout
se répare, sauf la mort ! et de là, naît la source de son fatal problème,
la Vie !... Il en a fait l'idéal de la sienne et vivre restera l'éternelle
solution de tous ces petits calculs que personne n'a compris...

Il lui a suffi de se comprendre lui-même pour être heureux, ou
du moins satisfait ; il n'a peut-être pas eu d'autre bonheur que de
croire au Bien qu'il rêvait, et bénis soient ceux dont la science et
le caractère, à l'heure suprême, lui en ont laissé l'espérance.

M. Osiris, le positiviste, s'était donc créé une chimère qu'il a
nourrie durant cinquante ans et qu'il a dotée en mourant, la Vie !

Il rêvait la longévité, c'est-à-dire, d'améliorer le sort de la créature, en prolongeant celui de la création ! rêve de géant, œuvre de
Dieu !

Si son positivisme aboutissait à cette chimère, la plus ample et
partant la plus simple et la plus naturelle... garder la Vie qu'on
a, elle partait de réflexions justes autant que d'un sentiment brisé.
Son esprit d'observateur s'était reporté à l'antan d'autrefois, aux
débuts de la vie humaine, pendant que son cœur, restait attaché
aux débris de la sienne ; la longévité des anciens et la brièveté des
siens, étaient des contrastes qu'il rapprochait sans cesse...

Il entrevoyait l'horizon lointain des Mathusalem et des Noé, dans
la nouvelle Tour de Babel qu'il élevait et dont les fouilles sont à
faire... rêve aussi grand que Nature et peut-être réalisable. On a
vécu ! Pourquoi ne vivrait-on pas ? La science, à force de recherches,
peut faire une trouée dans l'ignorance et l'inconnu et livrer passage
à la Vie ! Qui oserait en douter ?

Pourquoi les arbres voient-ils tant de générations d'hommes et
les hommes si peu de générations d'arbres ? Pourquoi la Mer a-t-elle
des centenaires que la Terre n'a pas ? Combien vit-on dans l'air ?

Est-ce que plus on monte et plus la vie s'abrège ? est-ce que l'air
nuirait à la vie ?

Qui donc a dit : « Par ses mœurs, par ses passions, l'homme ne
meurt pas, il se tue ». . . . .

On soignait M. Osiris à l'eau de mer...

La mer! rapprochement de hasard et prédestiné comme lui, qui végétait entre son mal et son rêve! La mer qui est l'élément du globe représentant le plus clairement la vie et la vie par l'infini! la mer dont les « mucus », vivante gelée animale qui Borry de Saint-Vincent a défini par « l'élément universel de la vie », et d'autres, par la vie, est en masse à fleur de ses eaux ; c'est donc la vie abondante, puis encore la vie infinie, puisque la mort, au sens net du mot, n'y existe pas, c'est-à-dire, avec ses débris d'après : c'est une échelle d'êtres, les gros mangent les petits — la transformation se fait par gradation — la vie continuée par la transmutation, c'est-à-dire, par un redoublement d'organisme, sorte de réorganisation de l'espèce, sans interruption, sans déficit, sans perte, sans mort, sans fin!

La mer, c'est non seulement la vie, mais c'est encore la santé.

La santé qui se décompose dans la force et l'hygiène ; la force prouvée par ses coquilles, et ses coquillages qui sont du règne minéral... l'âge de pierre — Qui peut dire celui des Cétacés et combien de fois, ils sont centenaires?.......

L'hygiène y est sûre ; aucune plante marine n'est vénéneuse ; il n'est pas de poison dans la mer et nul danger de mort : les algues, les capillaires, le varech, ou nourrissent, ou donnent l'iode ; la mer possède donc les principes de la génération et les réparateurs ceux de la médecine... ceux de la mort disparaissent. Elle est donc la vie et la renaissance à la vie.

En parlant des Méridionaux de la mer, Michelet dit que les cuivrés et les bronzés passent à l'état de métal, que la Grèce est l'acier du genre humain et que Colomb, Doria, Masséna, Garibaldi sont de la race du silex, puis il ajoute :

« La médecine éclairée par les sciences auxiliaires en viendra à nous donner des méthodes pour nous conduire dans cette voie nouvelle, la mer! »...

Et la mer venait à lui! On faisait à M. Osiris des piqûres à l'eau de mer!

Qu'a-t-il dû se passer dans ce cerveau hanté de longévité, en songeant à celle des eaux lui, qui rêvait vivre, lui, à qui on a offert cent mille francs de ses mémoires et qui a répondu : « dix ans de vie et je vous les donne » et dont l'aïeul, constitué comme lui, a vécu quatre-vingt-dix-neuf ans et huit mois.... alors qu'il se savait malade, alors qu'il se sentait mourir?...

Alors qu'il rêvait la vie qu'il allait donner à d'autres, la vie qui se retirait de lui, c'est atrocement bien!

M. Osiris aimait la vie jusqu'à la river infinie et s'il suivait les vivants jusqu'en leurs moindres actes, il s'occupait des morts; il avait le culte de la tombe.

Tous les premiers de l'an, il allait à la sienne ; le cimetière l'intéressait, il le parcourait volontiers, examinant tout de très près. Il avait fait relever des tombeaux en ruines on abandonnés; on cite ceux de Mme de Genlis, du maréchal Serrurier, de M. de Séze Bellini, Grétry, Méhul, Prud'hon, etc.

C'est un droit qu'on n'a pas; quelques-uns en ont profité pour lui faire des procès qu'il a perdus et payés.

Il a manqué à son équilibre de connaître notre code.... autant que sa Bible.

Son caveau a trente places dont les occupants sont désignés; on est invité là comme chez lui ; c'est une politesse de tombe d'outre-tombe.

Entre cette pensée rétrograde et son rêve, on peut dire qu'il vivait du passé et de l'avenir, en deçà et au-delà de la vie.

Dans ses notes, on a trouvé le récit de la translation des cendres de sa femme, écrit et signé de sa main, qui le montre sous le jour intime et bien réellement sentimental dont il gardait le secret.

Il opère lui-même le transfert de « sa chère Léonie » d'un cercueil dans l'autre et le raconte en ces termes :

«Je sors de mon lit pour me rendre de bonne heure au cimetière Montmartre où j'ai donné rendez-vous aux entrepreneurs de sépulture et au conservateur dudit cimetière pour procéder à l'exhumation des restes de ma bien chère Léonie, ma femme, et de nos deux enfants ensevelis depuis sa mort, 13 octobre 1855. Après trente-trois ans de persévérance, de lutte, je suis parvenu à accomplir le vœu qu'elle avait formé, alors qu'elle n'était que ma fiancée. Un jour en passant avec moi dans ce cimetière, elle remarqua la séparation qui existait entre les cimetières chrétien et israélite. Un mur placé entre les deux parties du grand cimetière indiquait que d'un côté, il y avait la porte réservée aux cultes catholique et protestant, et l'autre, destinée à recevoir les familles israélites.

Etant chrétienne et catholique, elle ne pouvait être enterrée que dans la partie réservée au culte catholique : elle me dit, après avoir entendu les explications à ce sujet et qui paraissaient l'intéresser sérieusement :

« Je désirerais, mon ami, dans le cas où je viendrais à mourir avant vous, être enterrée à cette place, comme étant la plus proche de celle que vous occuperez un jour. Vous me le promettez.

— Oui !

Un an plus tard, elle mourut en couches, mettant au monde deux enfants qui furent étouffés au passage : trois cadavres en un jour !...

La place qu'elle m'avait désignée me fut refusée par le géomètre Feydeau qui ne pouvait donner le terrain choisi par Mme Osiris que sur l'ordre du Consistoire, lequel s'y refusait énergiquement en raison du plan qu'il avait adopté antérieurement de faire placer une grande et longue porte grillée afin de fermer le cimetière israélite les jours de fête et de sabbat.

Il fallut accepter le caveau provisoire du marbrier et attendre de longues années, ce que je fis.

Armé de beaucoup de courage et d'une conviction profonde, j'ai lutté avec mon cœur de mari et après avoir fait de nombreuses exhumations du corps de ma chère Léonie et de mes enfants, je suis arrivé après trente-trois ans de luttes de toutes sortes à occuper définitivement et perpétuellement le terrain qu'elle avait désigné.

Pour comble de bonheur, le Conseil municipal ayant fait enlever toutes les barrières qui séparaient les divers cultes, laissant à chacun le droit de se faire enterrer selon ses désirs, je pourrai désormais espérer dormir à côté de ma chère Léonie. Je viens de reconnaître ma place ; c'est à ses pieds que je dormirai de mon dernier sommeil dans ce caveau qui sera surmonté d'une magnifique statue de Moïse, sculptée par Mercié, copie exacte du Moïse de Michel-Ange.

Le vœu de ma chère Léonie est accompli ; j'en remercie Dieu et le Conseil municipal de Paris de tout mon cœur.

Le rendez-vous avait été pris pour huit heures au cimetière où j'avais commandé à mon ébéniste de me faire un cercueil de chêne tout doublé de satin blanc, avec une poche sur le côté, presqu'au sommet de la tête. J'y ai déposé les portraits de mes sœurs, de Nelly Masse ma mère et de son mari. Puis j'en ai placé une à moi dans un coussin de soie fait avec du varech et surmonté d'une guirlande de roses et de pensées.

J'ai opéré moi-même le transbordement du précédent cercueil dans le nouveau de la façon suivante :

Après avoir déposé la tête de ma chère Léonie, sur le coussin, après l'avoir examinée et embrassée, je l'ai recouverte de fleurs. Puis j'ai détaché sa robe de mariée dans laquelle elle avait été ensevelie et qui ne représentait plus que des lambeaux. J'ai cherché tous les ossements réunis les uns à côté des autres, et je n'ai permis à personne de m'aider dans ce travail qui me permettait de revoir encore pour la dernière fois la dépouille de celle que j'ai toujours aimée et jamais oubliée. Aussi, suis-je allé lui rendre mes derniers devoirs en costume de marié — j'avais mis ce que ce j'avais de plus beau pour me présenter devant elle et lui dire un éternel adieu.... »

Osiris

M. Osiris prenait Moïse pour l'arbitre de sa destinée ; il avait dans son hôtel, l'image et sur sa tombe, la statue de Moïse ; le

tableau représente le prophète recevant de Dieu les tables de la
loi et la statue exécutée en bronze par Antonin Mercié est la reproduction de celle de Michel-Ange à Rome, selon le projet de M. Osiris, avec ces mots gravés dans le granit de la tombe.

A Moïse, le plus grand législateur

OSIRIS.

C'est bien !

Ne retrouve-t-on pas là, une page détachée du touchant roman
et poignant dénoûment d'Alphonse Kaar : *Sous les Tilleuls.*
« Stephen, sortant de sa tombe, Madeleine morte, qu'il a tant
aimée vivante, pour lui donner un dernier baiser ».

Mouvement précédé dans l'Histoire par Danton pour sa femme
« qu'il arrache à la terre, effroyable, défigurée, au bout de sept
« jours et sept nuits, qu'il dispute aux vers d'un frénétique em-
« brassement »

Même geste du roi Charles II d'Espagne. Veuf de Marie-Louise
d'Orléans, il voulut la revoir, mettant à profit le conseil d'un de
ses amis : « Mes chagrins s'adouciraient un peu, si je visitais le
sépulcre de ma bien-aimée » Il descendit dans les catacombes dont
il fit ouvrir les cercueils — il revit ses prédécesseurs, Charles-
Quint, Philippe II, Philippe III, puis sa mère, Marie-Anne d'Autri-
che dont il baisa la main. Mais, quand vint le tour de Marie-Louise
d'Orléans, la jeune et douce femme qui avait été sa seule joie et
son seul amour, son cœur se brisa, ses larmes jaillirent ; il tomba,
les bras étendus sur la bière ouverte, embrassa longuement la
morte et on l'entendit s'écrier parmi les sanglots : « Ma reine, ma
reine…. Mi reina ! avant un an, je viendrai vous tenir compagnie ». Quelques mois après, Charles II mourait, léguant l'Espagne
au duc d'Anjou.

Pour reconstituer l'essence de la nature sentimentale de
M. Osiris et retrouver les sources de son cœur aimant, il faut
remonter à la littérature de sa jeunesse, à celle de la Restauration ;
le sentiment idéal qu'il eut pour sa fiancée découle des poésies de

Lamartine; le bonheur qu'il trouva dans l'amour de sa femme et l'attachement de sa possession lui viennent de Musset; l'issue de son roman, dans la mort prématurée de cette jeune mère, avec le dénoûment tragique de son baiser macabre sont d'Alphonse Kaar.

M. Osiris est de cette époque fertile du romantisme, de l'amour suprême et de la douleur aiguë; du temps où l'on cultivait le cœur qui fleurissait d'illusions pour se faner de désespoir; de ce temps où Lamartine, Musset, Alphonse Kaar fouillaient la femme pour en extraire l'amour, pour l'aimer, quitte à en pleurer, quitte à en mourir !

> « Mon image en son cœur se grava la première
> « Comme dans l'œil qui s'ouvre au matin, la lumière
> « Elle ne regarda plus rien, après ce jour;
> « De l'heure qu'elle aima l'univers fut amour!

pensait Lamartine !

> « L'amour, l'amour, seul bien d'ici-bas.....
> « J'en porte l'âme déchirée jusqu'à en mourir

se lamentait Musset !

« L'amour est la seule passion qui cherche son bonheur dans celui d'un autre », affirmait Alphonse Kaar.

Lamartine, à la femme, lui découvrit l'âme, Musset un corps et Kaar le roman de sa vie jusqu'au tragique de sa mort. Lamartine lui a trouvé l'amour mental, Musset et Kaar l'amour sensuel et plastique....

Lamartine nourri de *Paul et Virginie* éternisait l'amour dans l'infini, pendant que Musset et Kaar le réalisaient par des prises de possessions. Lamartine peureux des réalités dont Musset et Kaar étaient curieux, l'enveloppait de voiles, satisfait des transparences douteuses de ses contours, alors que Musset et Kaar, avides de son être, la dépouillaient l'un de sa robe, l'autre de son linceul... l'avoir ne leur suffit pas, ils la veulent voir et revoir...

> Dans l'objet aimé, qu'est-ce donc que l'on aime?
> Est-ce du taffetas ou du papier gommé?
> La parure est une arme et le bonheur suprême
> Après qu'on a vaincu, c'est d'avoir désarmé.

Ainsi faisait Musset.

« Encore! encore! » disait le Stéphen de Kaar, en ouvrant la tombe de Madeleine: « Ce corps, il le veut prendre dans ses bras, « et poser ses lèvres sur les lèvres du cadavre ». (*Sous les tilleuls*).

Toujours et ainsi, devait faire M. Osiris, qui en attendait l'heure!

L'illusion, la forme, le spectre; poésie matérialité, sublimité, voilà ce que l'art donnait de la femme! La femme, qui occupait l'imagination masculine, allait trouver place dans celle de M. Osiris. Il devint amoureux de sa femme, un religieux de son souvenir et quand elle n'est plus dans sa vie, il souhaite la revoir dans la mort; il y emploie trente-trois ans! trente-trois ans d'efforts, après lesquels, il réussit à étreindre un squelette.

Et la poésie choisie par lui, pour immortaliser Alfred de Musset. poésie gravée au bas de la statue du poète, qu'il a fait ériger à Paris, place du Théâtre-Français, nous confirme son deuil d'âme, d'âme estropiée pour toujours :

> Rien ne nous rend si grands qu'une grande douleur
> Les plus désespérés sont les chants les plus beaux...
> Et j'en sais d'immortels qui sont de purs sanglots ».

C'est l'historique aimant de M. Osiris, l'historique de son cœur si tendre et si brisé, de son amour à peine né!...

Mais la vie est là qui repart de souche et verdit à nouveau en amour encore... amour non plus unique et solitaire, mais amour universel et multiple... amour de la femme converti en amour de l'humanité.

Et il rêva de nouveau... la vie pour nous, la vie qui lui a manqué, comme il avait rêvé l'amour qu'il a trouvé.

Quand remontant le flot de mes jours résolus
Je demande à mon cœur tous ceux qui n'y sont plus,
Je pleure dans mon ciel, tant d'étoiles éteintes...
Elle fut la première, et, sa douce lueur
D'un jour pieux et tendre, éclaire encore mon cœur.

LAMARTINE

Pour M. Osiris, ce n'est plus aimer pour l'être, c'est aimer pour aimer... et plus que jamais, c'est bien!

M. Osiris fut-il artiste?

Il en eût l'âme et le fut plus par goût que par connaissance technique; on l'a appelé Mécène; on a eu raison.

Les statues élevées par ses soins: Jeanne d'Arc à Nancy, Guillaume Tell à Lausanne, Alfred de Musset à Paris, Moïse de Michel-Ange sur sa tombe, celles mentionnées sur son testament pour être érigées à Mme Hirsch et à Mme Boucicault qu'il qualifie de « femmes de bien », en témoignent; de même que les nombreux marbres et bronzes qu'il avait réunis chez lui et son château de La Malmaison qui a été acquis, restauré et offert à l'État dans le but d'y créer un Musée d'art historique.

M. Osiris avait connu beaucoup d'artistes, certains à leurs débuts, d'autres à leur apogée; Octave Feuillet, épelant ses premiers romans, avait orné son imagination de jeune homme, nourri ses rêves d'avenir, rêves élevés jusqu'à la réalisation par son mariage d'amour, amour unique dont le souvenir resté vivace dans son cœur, faisait dire de lui, à 82 ans, qu'il en était encore, au roman d'un jeune homme pauvre : il me pria d'aller aux obsèques de Mme Octave Feuillet, l'inscrire et porter sa carte, parce qu'il était malade et désirait manifester à la famille son sentiment gardé à l'auteur des romans de leur mutuelle jeunesse.

Alexandre Dumas fils, plaidant la cause de l'enfant, soulignait son jugement d'homme, alimentait son esprit d'âge mûr, consolidait ses idées calquées sur celles de Mme Aubry; ce répertoire tout social lui donnait cette satisfaction d'y voir émises ses opinions personnelles. Il fut à l'inauguration de la statue pour témoigner son admiration et son regret.

Alfred de Musset, torturé par la vie, avait été son ami. C'est autant par amitié pour l'homme que par élan pour le poète, qu'il a offert sa statue à la Ville de Paris.

Antonin Mercié, dans la gloire, dont il aimait l'œuvre et sollicitait le talent pour sa galerie, ses dons et son tombeau.

Marie Laurent, l'actrice bien connue, au souvenir de qui, promesse faite de son vivant pour son œuvre « l'Orphelinat des Arts », il a laissé une somme de vingt-cinq mille francs.

Mlle Scriwanck, la si fine artiste des Variétés, qui parut encore sur une scène avec un étonnant succès à l'âge de quatre-vingt-quatre ans, à qui il a donné... une tombe !

C'était ses relations choisies... Ce frottement lui plaisait. Il s'y secouait des mites de la Bourse et s'y donnait les jouissances de l'Inspiration, collaborant ainsi aux œuvres d'art qu'il faisait exécuter.

Il pensait avec raison que la Bohême même enrichie, poétise ce que l'argent embourgeoise; ses legs à la Société des gens de lettres, à l'Académie de médecine, à la Société des compositeurs dramatiques, accusent ses tendances pour un art qui lui plaisait; son don magnifique à l'Institut de France souligne ses préférences littéraires: sans exclure la musique de son goût, il était abonné à à l'Opéra, lié avec des maîtres compositeurs, fréquentait les chanteurs et dotait, en mourant, le Conservatoire, d'une somme de cent mille francs avec destination spéciale du revenu pour un prix d'encouragement.

Le sentiment d'admiration que lui inspiraient les travaux de la pensée, la science et l'art, le rendait souple et l'humble donateur que nous dépeignent ses lettres l'une à Antonin Mercié d'ordre privé au sujet de la statue d'Alfred de Musset, l'autre à l'Institut de France, d'ordre public, à l'occasion de son offre d'un million pour constituer le prix triennal de cent mille francs.

A Monsieur Antonin Mercié.

Paris, 7 janvier 1900.

Cher maître.

« Après de longues années de patience, pendant lesquelles j'ai attendu de l'illustre artiste que vous êtes, la réalisation d'un projet auquel je tenais passionnément, sans pouvoir l'obtenir, j'ai dû, bien que le cœur m'en saignât, reprendre ma liberté, et confier à d'autres mains, moins célèbres certes, mais que j'espère, plus soumises à mes pensées, l'exécution du monument d'Alfred de Musset.

« Je n'oublie pas, je n'oublierai jamais les joies que m'a données la collaboration où vous m'avez admis pour la statue de Guillaume Tell, ce chef-d'œuvre sorti vivant de vos mains et qui s'élèvera bientôt à Lausanne.

« Je n'oublie pas non plus, que je vous dois d'avoir placé sur mon tombeau, ce divin Moïse de Michel-Ange qu'un talent comme le vôtre était seul capable de reproduire dans son admirable beauté.

« Pourquoi faut-il que cette liaison dont j'étais si fier prenne fin ?

« Pourquoi l'inspiration qui vous a toujours été si fidèle, dans les œuvres que nous avons entrepris ensemble, a-t-elle semblé défaillir pour la statue de Musset ?

« C'est à des événements auxquels l'art est étranger ; c'est à des influences extérieures et intimes qu'il revient sans doute, d'attribuer cette fâcheuse conséquence, et puis, peut-être ma prétention n'est-elle pas trop haute, d'avoir rêvé de voir revivre dans sa vérité humaine, le divin poète que j'ai connu et que votre âge ne vous a pas permis de connaître ?

« Bien qu'il me soit douloureux de vous écrire ces réflexions, je suis amené à le faire, tant par mon désir de voir se terminer la statue d'Alfred de Musset, que par ma volonté de tenir, sans tarder, l'engagement que j'ai pris vis-à-vis de la Ville de Paris ; je n'en conserve pas moins le plus agréable souvenir de notre collaboration, ainsi que celle de votre éminent confrère Falguières, dont j'ai encore la vision des gracieuses conceptions destinées au piédestal de Musset.

« Veuillez croire, cher Maître,   Osiris »

A Monsieur Ph. Van Thiéghem.
Président de l'Institut de France.

Monsieur le Président.

« J'ai l'honneur de vous accuser réception de la lettre du 6 octobre par laquelle vous avez bien voulu me faire connaître que l'Institut de France, réuni en Assemblée générale, avait daigné accepter la rente que je lui ai donnée, afin de fonder un grand prix triennal de cent mille francs.

« Si les remerciements que l'Institut a bien voulu me voter en cette circonstance, me vont droit au cœur, permettez-moi de vous dire, très modestement, combien je suis fier d'avoir vu ce grand corps de l'État, l'élite de la Nation, où sont représentées dans leur plus haute expression toutes les branches du génie humain, accepter d'être le dispensateur d'une libéralité qui, j'en ai l'espérance, favorisera le progrès de l'Humanité.

« Veuillez agréer, etc.,

OSIRIS »

Comme cela est bien !

Le petit hôtel de M. Osiris, situé rue Labruyère où il est mort, était converti en Musée, en Musée raisonné. M. Osiris ne laissait que peu de place au hasard ; tout ce qui était là reflétait un jugement de commissaire priseur des mentalités.

« Ami ou amie, dans ma pensée, ce n'est pas à la légère, que je « donne ce titre » m'écrivait-il ; de même, telle ou telle statue admise chez lui, sont des souvenirs gardés ou des hommages rendus dans son cerveau fait comme une petite chapelle ouverte, à ce qui fut grand ou malheureux ou méritant.

Son hôtel est son œuvre comme sa fortune.

M. Osiris a pris les éléments de la Nature pour en faire la charpente de son home, comme il a pris les avantages de la civilisation pour en faire l'ornement.

Le marbre, le bois et le bronze qui en sont la base sont partout rehaussés d'art, enchâssé, sculpté, ciselé parce que le maître apprécie le travail.

Le vestibule est de marbre, la salle à manger de bois, et la galerie, de bronze; le vestibule à colonnes de marbres teintés est bien proportionné, ni vaste, ni petit, il est bien; la salle à manger sculptée, sans encombrement de superfluités, est mixte de dimension; une tapisserie représentant Esther devant Assuérus, sert de fond, où se détache le buste de Napoléon Ier.

En face de lui, dans l'ombre, comme une conviction plus intime, Jéhova dictant ses commandements à Moïse : l'idole et le Dieu de l'endroit s'y regardent, c'est bien.

Dans la galerie, reposent des statues, des bustes de bronze et de marbre, alignés sur deux rangs, comme la voie sacrée de Rome! C'est la voie du mérite immortalisé par l'art.

Est-ce à dessein? les hommes sont de bronze sombre et les femmes de marbre blanc; c'est une étude de recherches et d'intentions marquées.

Du côté masculin, Moïse, Gounod, Guy de Maupassant, Sully, Mozart, Voltaire, Michel Ange, Belisaire, etc...

Du côté féminin, l'emblème de l'ingénuité domine; c'est la jeune fille, celle qui baisse les yeux, Marguerite avant Faust, et, le talent qui le dispute à la vertu, Rachel, sous plusieurs formes... Jeanne d'Arc, autre idole du maître, victime de la dureté humaine, sacrifiée par l'ingratitude royale dont il offrit la statue à la ville de Nancy, autant comme hommage d'admiration qu'à titre de réparation : la pucelle d'Orléans l'intéressa peut-être plus encore que l'héroïne sacrifiée! Judith est en terre cuite, sans doute, en raison de la virilité de son sexe; elle déroge au blanc... elle est seule et veuve d'Olopherne... et puis ne représente-t-elle pas la « Charlotte Corday » de l'Histoire biblique?

Aucune nuance n'échappait à M. Osiris... Il semble apprécier l'innocence naturelle de la femme et sa candeur primitive; son culte à Jeanne d'Arc le prouverait assez, ses conversations aussi. Il eut, devant la statue de Georges Sand, des réflexions amères ; il était sévère dans ses appréciations pour la femme tombée. .. « La femme à une seule chute, aussi rare que celle du Niagara », dit Emile Augier, ne l'arrêtait pas dans ses verdicts de blâme.

« La maîtresse légitime n'eut pas trouvé là, le même succès qu'à la scène de l'Odéon... Ici la faute est exclue, la Vertu règne et le maître avec Alexandre Dumas fils conclut : « Celle que tu « aimes, si elle est libre, épouse-la; si elle ne l'est pas, respecte-la ».

Un fait souligne cette tendance appréciative de la vertu féminine, c'est le legs au Ministère de l'Instruction publique et des Beaux-Arts au profit du Conservatoire national de Musique et de déclamation. Un titre de rente française 3 p. 100 perpétuel de cinq mille francs dont les arrérages seront destinés à la fondation d'un prix annuel de pareille somme qui sera attribué chaque année à un lauréat, homme ou femme ayant obtenu un 1er prix dans les classes d'art lyrique et d'art dramatique, c'est-à-dire : opéra, opéra-comique, tragédie, comédie.

Dans le principe, ce legs était exclusivement réservé *aux jeunes filles* du Conservatoire ayant remporté un 1er prix de tragédienne, cantatrice, musicienne, afin qu'elles puissent vivre *honnêtes et libres* durant les dures épreuves des débuts.

Puis un jardin tout vert, où se détachent les œuvres d'art, fait le fond de l'hôtel ; là, on trouve un coin de nature, comme plus haut, on trouvera un peu d'espoir.

Au premier étage, la chambre de M. Osiris : tout le poème de ce qu'il est, de ce qu'il aime, de ce qu'il fait, de ce qu'il rêve, s'y déroule...

Dans le fond de la pièce, très grande, son lit, c'est-à-dire, la vie mentale de l'homme privé; au pied du lit, son bureau, c'est-à-dire la vie active du financier ; tout autour, comme cadre, des tableaux, des meubles, des objets d'art ancien de toutes nations et de toutes provenances.

Dans son lit, M. Osiris était au Nord de sa vie, dont chaque objet lui en retraçait l'historique ; au-dessus du lit, où d'autres placent un crucifix, autrement dit un symbole religieux, l'image de la souffrance imméritée, M. Osiris y met une femme, le portrait de Marie-Antoinette... Au lieu de la passion d'un homme et le calvaire d'une mère, celle qui les résume toutes : fille, femme, reine, épouse, mère, veuve et martyre, le sang de notre sexe, la tache de notre histoire et l'ombre de nos souvenirs ; celle qui suffit à expliquer le mot de 93, et qui, toujours grande, sans déchéance, va du trône à la mort, abdiquer sa majesté sur l'échafaud de l'égalité.

Le portrait, grandeur nature, est au fusain, signe de deuil, et la représente à son heure d'agonie morale ; elle pleure... comme cela est bien.

En face, sur la cheminée, au lieu d'une glace, enchâssé dans la boiserie qui l'encadre, un portrait de l'école Hollandaise, Charles Ier. Deux royautés décapitées, deux martyrs de l'évolution de leurs peuples, deux victimes de leurs plus sanglantes révolutions se font vis-à-vis... deux pages rouges de l'Histoire s'y lisent... comme c'était bien.

Le bureau de M. Osiris représente les affaires — mais les affaires soulignées d'une idée... la vie réaliste ornée de la vie spiritualiste.

Dans les faits du jour plane un souvenir du passé : Napoléon Ier. Napoléon Ier fut l'idole de M. Osiris. M. Osiris était le petit-fils d'un volontaire de 1791 qui fut aux côtés de Bonaparte au siège de Toulon ; il tenait de son grand'père sa corpulence personnelle et son sentiment pour l'Empereur : une corpulence bien charpentée et un sentiment si invétéré, qu'on peut dire qu'il l'avait dans le sang, de façon héréditaire. Ce fut du reste le cachet de sa personnalité, lorsqu'il s'affirma par sa fortune faite.

Napoléon Ier tenait une grande place dans l'oratoire mental de M. Osiris ; à ce sujet, on l'a dit bonapartiste, et Paul de Cassagnac l'expliqua :

« Le bonapartisme de M. Osiris commence à Toulon et finit à Waterloo ».

C'est vrai, — c'est une raison d'estime, non une question politique.

M. Osiris ressemblait à Napoléon par la conformation crânienne de la tête et par certains traits et lui dissemblait par l'expression des yeux. Cette ressemblance est surtout frappante avec les portraits du roi de Rome enfant; sans doute, que chez l'enfant, l'empreinte dure de l'Empereur est corrigée par celle plus douce de l'impératrice; l'influence de la femme avait sensibilisé l'image de l'enfant; et, si tant est, qu'une ressemblance physique entraîne un rapprochement moral, on peut dire que l'un et l'autre voyaient, à perte de vue, le but de leurs résolutions, embrassaient un lointain avenir. La prostérité les occupait tous les deux.

Napoléon, terre à terre, M. Osiris plus élevé; l'organe de Napoléon ne dépassait pas son pied, la terre ferme où il marchait et qu'il voulait toute à lui; celui de M. Osiris allait vers l'au-delà plus haut que l'horizon, comme si le bleu de ses yeux eût déteint sur son rêve vague et lointain coloré de ciel!

Ce furent deux cerveaux à combinaisons capitalistes, multipliant l'unité par l'unité pour avoir le nombre, Napoléon comme moyen, M. Osiris comme but, et l'humanité qui était le point de départ de Napoléon était le point de mire de M. Osiris.

Pour Napoléon, ses armées croulaient sous lui, après le succès de la terre conquise, sans plus de souci de la mort, que le joueur, des cartes, quand il ramasse l'or du jeu...; pour M. Osiris, les masses s'aggloméraient après lui, délivrées des maladies qui entament et de la mort qui décime... l'enjeu de sa mise de fonds, c'était la vie!

L'homme, que l'un fait tuer et que l'autre fait vivre, est toujours le jouet de quelqu'un ou le mobile de ses rêves.

Tous deux ont versé, Napoléon le sang, pour tant d'arpents de terre, et M. Osiris, l'or, pour tant de vies, et tandis que l'Empereur nombrait ses soldats pour gagner du terrain, le financier comptait ses capitaux pour la vie dont l'Empereur faisait si bon marché !

Si l'un entassait mort sur mort pour élargir son empire, l'autre quintuplait ses ressources pour faire vivre ; les aumônes, les dons journaliers, les œuvres de bienfaisance publiques et privées étaient la menue monnaie de son rêve de vie ; ce que Napoléon détruit, M. Osiris le répare, c'est la guerre et la paix en regard !

Identique problème aux solutions opposées de deux cerveaux conformes par l'étendue, divergents dans les résultats, qu'on n'appréciera pas au même taux ; en dépit du temps qui fait basculer les opinions et de la vie qui veut moins de tueurs et plus de créateurs, et malgré le mot de Victor Hugo : « Un héros est une variété de l'assassin », l'œuvre de mort gardera l'étrange immortalité qu'on discute à l'œuvre de vie.

M. Osiris, comme Napoléon, fut un génie, qu'on taxera simplement d'homme de Bien, pendant que Napoléon planera toujours comme un aigle.

Maintenant si Napoléon construisit l'édifice de sa puissance privée sur la mort publique et si M. Osiris étaya la vie publique sur sa mort personnelle, cette distinction s'explique :

Napoléon agissait avec une volonté doublée d'amour-propre et M. Osiris avec une égale volonté, ouatée de sentiment.

Où est le bien ?

S'il est vrai que Napoléon dormait à sa guise et recouvrait sa lucidité au réveil, M. Osiris était de même. Il m'avait priée d'envoyer telle lettre... pour le satisfaire et lui faire signer la lettre en question, je revins le soir.. M. Osiris, déjà malade, dormait... j'attendais, près du lit ; lorsqu'il ouvrit les yeux, il me posa la question : « C'est pour la lettre à X... que vous venez ?...

. . . .

Napoléon, chez M. Osiris, dominait : en bas, son buste ; en haut, ses insignes : d'abord la colonne commémorative de ses victoires, puis son épée qui les ratifie ; ses gants, son bicorne, son manteau faisaient presse-papiers... des médailles du Premier Consul pen-

daient à des statues d'Égypte, et çà et là de menus objets, un coup e
papier en ivoire jauni par le temps ayant pour poignée la tête fine-
ment sculptée de Bonaparte.

Ce qu'on voit, ce qu'on touche rappelle un fait impérial; c'est
ce qui s'appelle « vivre d'une pensée »; l'admiration de M. Osiris
pour l'Empereur est marquée au coin d'une empreinte religieuse par
le soin zélé qu'il a mis d'en réunir tous les souvenirs et par le don
du château de la Malmaison à l'État qui en est le couronnement.

Le coffre-fort est insignifiant, à peine visible; la richesse se
cache derrière le goût satisfait, comme ailleurs la fortune se dissi-
mule derrière l'usage qu'en fait le maître de ces lieux...

En face de la chambre de M. Osiris est la chambre bleue...

La chambre bleue!...

Là repose une âme! là gît une douleur!...

C'est la chambre de celle qui fut Mme Osiris, sa femme, morte
jeune, en plein bonheur d'amour, après quelques mois de mariage!
M. Osiris, en lui gardant son nom, lui a gardé sa chambre!

On l'a toujours respectée.

Partout ailleurs, s'échelonne ou s'étale la pensée... ici, se con-
centre et habite le cœur, la chambre est intacte, telle qu'elle fut au
décès, et l'image de la morte est restée posée à sa place, sur son
lit... depuis l'an 1855... 13 Octobre.

On raconte que M. Osiris la sachant en danger et la voyant
abandonnée des médecins, voulut avoir une consultation du docteur Dubois.

Dubois était alors dans toute sa célébrité de médecin accoucheur
de l'Impératrice Eugénie.

Dubois ne se dérangeait pas, et M. Osiris le savait; mais comme
rien ne pouvait l'arrêter dans l'exécution de son vœu, M. Osiris
se présente chez le Docteur Dubois, et à la question qui lui fut posée, répond : « Ordre de l'Empereur » Dubois le suivit, et, en voiture, M. Osiris avoua au médecin le subterfuge employé pour
tenter de sauver sa femme.

Le docteur fut largement récompensé de sa visite, hélas, inutile..

La jeune femme était perdue, et rien ne put la sauver..

Dans tout cela, que de bien !

M. Osiris qui accuse une si grande sentimentalité, avait une égale force de mentalité ; aucun vœu du cœur n'avait d'exécution sans avoir passé par l'examen de sa réflexion pour entrer dans sa volonté.

Son cerveau, qui tamisait tout, semblait fait comme un crible et penser à la manière des ruminants ; de toute affaire, il dégageait du sien, l'intérêt de chacun, puis il examinait part à part, il ordonnait les faits pour en extraire les conséquences et l'exposition s'en dégageait nettement ; alors c'était d'une parole ferme, avec une voix douce, dans une explication serrée qu'il concluait... mais c'était toujours pour lui, une règle de trois, une opération de calcul à mener à bien.

Les hésitations qu'on lui a reprochées venaient de là et tenaient à ce qu'on peut appeler sa maladie... et l'excessif de sa mentalité : « la recherche de la perfection », qui retarde le progrès au lieu de l'actionner...

Son instinct du Bien l'ajournait ; il voulait tout à la fois : « Faire le bien et le faire bien ».

M. Osiris était le modèle de l'ordre... longtemps, il a géré seul sa fortune ; le bureau de sa comptabilité en donne la preuve ; chaque dossier porte écrit de sa main le contenu sur la couverture, les pièces énumérées dans l'ordre où elles sont classées avec leur titre et leur objet ; et de dossiers, le nombre en est fantastique...

En les feuilletant, on voyait M. Osiris se laissant rappeler plusieurs fois des sommes qu'il avait négligées de toucher, l'une de huit cent cinquante mille francs... l'autre de six cent mille francs... et une de cent soixante-treize mille francs qui semblait oubliée là comme ferait le premier venu du solde de cent sous, d'un livret de caisse d'épargne, faute d'y songer, ou parce que la somme ne mérite pas le dérangement.

S'il donnait de l'argent, il en prêtait : les comptes étaient établis avec les balances faites d'acomptes versés et de sommes dûes ; à un débiteur, il écrivait :

« Ce n'est pas une raison parce que vous n'êtes pas en mesure de me rembourser pour que vous me priviez de vous voir », puis figuraient des pensions faites, des retraites assurées, aumônes cachées, charité secrète dont les accents des demandes et l'écho du remerciement s'étouffaient là...

Les œuvres d'art à l'état de projets, les ouvrages scientifiques en cours, inventions industrielles, élaborations ou travaux en formation quêtant l'appoint d'argent ou la commandite, pour conquérir la gloire et le bénéfice commercial... les photographies d'esquisses de statues à élever et de reproductions de tableaux à faire, listes de meubles, collections de gravures, de livres, faïences, objets d'art, antiquités à vendre par des amateurs ruinés ou des particuliers en peine d'argent qui s'adressaient là comme à une source où puiser la sûreté de vivre et l'assurance de franchir une crise, les œuvres en cours et celles à créer, tout faisant appel de fonds... ces dernières passaient à l'étude avant d'être classées....

Tout cela était enfermé sous des couvertures d'affaires et formait des dossiers, tels que ceux de ses propriétés ou contrats, financiers, mémoires de fournisseurs, d'entrepreneurs, alignés les uns sous les autres avec la symétrie des chiffres d'une addition.

Le calcul était sa faculté maîtresse, l'ordre en découlait qu'il fût spéculateur financier ou Mécène bienfaiteur.

Sa maison qu'on peut appeler « l'administration raisonnée du Bien » était une sorte de ministère réduit. Il y avait un bureau pour les affaires de chiffres, la comptabilité et la caisse courante; un autre pour les affaires particulières, la correspondance et les œuvres.

Son antipathie de la destruction, ou son goût de conservation se

manifestait là comme ailleurs... les détails soulignent l'ensemble..
on gardait tout ce qu'on recevait : les choses officielles, les
comptes allaient aux pièces de caisse, dans le bureau *ad hoc*; les
choses personnelles qui étaient examinées avec le même soin que
les précédentes, restaient dans le mien.

Toutes les lettres reçues étaient lues, celles des amis et des
malheureux, comme celles des transactions d'argent, qu'elles fussent
de gens avérés ou de simples particuliers : elles étaient classées
dans les archives qui en étaient pleines ; les unes, avec l'honneur
d'autographes, les autres avec l'étiquette du souvenir... par date
et par lettre alphabétique... l'ordre appliqué aux millions descendait aux choses amicales, usuelles et courantes.

Puis, étaient conservés religieusement aussi, les renseignements
d'intérêt public pris aux administrations spéciales, aux compa-
gnies d'assurances pour des dotations, rentes viagères... ou legs
qu'il voulait faire ; l'article de loi qui l'autorisait était épinglé
avec l'arrêt de Cour de Cassation qui en consacrait le droit ou la
propriété au titulaire institué ou légataire désigné... C'était
encore des règlements d'inhumations de toutes sortes et de toutes
classes avec prix pour tous pays.

Tout cela fait dire avec justesse qu'il dépensait « plus de
« travail et de temps en recherches pour l'emploi et le don de ses
« millions conquis, qu'il n'avait développé d'efforts pour les
« gagner ».

N'était-ce pas pour le bien ?

M. Osiris n'avait pas nativement les vertus des personnes riches,
ni l'envergure d'un millionnaire, ni l'audace d'un argenté qui se
résume par ce qu'on appelle l'aplomb du parvenu. Après avoir
réussi à gagner sa fortune solitairement, il s'appliqua à l'augmenter
secrètement ; s'il s'enrichit à la manière des grands financiers, de
coups téméraires et hardis, il y ajouta à la façon des petits ren-
tiers par une économie progressive et une sage gestion... ce qui
était le vrai côté de sa nature.

Il avait les vertus des personnes pauvres : des goûts simples et pas de besoins, qui l'ont puissamment aidé...

Cette parcimonie dont on connaît l'excessive portée prouve, que pour lui, il n'était pas de quantité négligeable et que le gâchis lui était opposé sous quelque forme que ce fût.

Ces détails d'économie prodigieuse, dont on a ri autrefois, avaient un but généreux que l'on connaît aujourd'hui : s'il n'a pas voulu faire poser l'électricité chez lui, parce que l'éclairage en était trop coûteux, s'il éteignait lui-même les becs de gaz qui brûlaient inutilement, s'il avait renoncé à tout équipage, chevaux ou auto ; s'il cédait sa villa d'Arcachon pour en prendre une autre moins bien, parce qu'on lui offrait un prix avantageux de la sienne ; s'il allait dans les petits restaurants de préférence aux autres, et s'il se récriait sur le prix élevé des potions de pharmacie, on sait que ces épargnes qui avaient une source personnelle et originaire avaient pour cause une prodigalité d'avenir et d'intérêt général.

L'économie ne fut que pour lui ; la libéralité fut pour d'autres, et si sa vie affirme qu'il ait eu les vertus des personnes pauvres, sa mort prouve qu'il avait acquis les vertus des personnes riches.

Le grand mérite de M. Osiris tient dans l'application qu'il fit de ses facultés comptables à ses facultés aimantes. Ce caissier qui compte ses sous, ce calculateur qui ajoute les francs aux francs, ce capitaliste qui multiplie les millions, cet arithméticien qui chiffre ses fonds... économise, entasse, parce qu'il aime !

Tous ces calculs d'intérêts ont une base de cœur, cette pyramide d'argent avec ses bénéfices a une commandite d'âme, cet homme a aimé... il faut qu'il aime encore, et comme Lavedan, estimant le sourire, deux larmes, il cherche en mathématicien humain, ce que lui coûtera le bonheur... le bonheur des autres, car lui, en a fini du roman, le sien s'est déchiré, selon la superbe expression de Lamartine, à la page où l'on aime, et s'il rêve encore, c'est pour nous qu'il aime... car il aime toujours...

Il en a perdu trois des siens, il en reprend mille des nôtres, multipliant là comme ailleurs et sans cesse le nombre par le nombre, surenchérissant avec le cœur, tous ses totaux d'argent, de compte à demi avec nous, prisant la mise à prix de la vie qu'il nous léguera , il double, triple, quintuple, et, tout compte fait, il le dit lui-même, c'est pour nous qu'il travaille et qu'il tient cette comptabilité en partie double, d'un génie de l'or, avec l'instinct d'un Gobsek, la science d'un Grandet et l'âme d'un Goriot...

Et de la fosse où il descendait, il regardait l'horizon large du passé, s'élargir de nouveau, dans l'avenir, par lui, pour nous, alors que comme Moïse mourant, entrevoyait la terre promise à d'autres, il voyait la souffrance diminuer et la vie s'allonger... soustraction splendide addition sublime de son dernier compte de « doit et avoir » à son grand'livre d'humanitaire.

Dans la tristesse de ses dernières heures, comme il aurait souffert, s'il n'avait cru que son rêve s'allait réaliser, et si son agonie fut douce, c'est qu'elle était illuminée de tous les rayons du Bien !

A une époque où chacun est quelqu'un dans un milieu quelconque, socialement M. Osiris n'était rien, nulle part. Il vivait très retiré dans son hôtel à Paris, plus rarement à son domaine « La Tour Blanche », des crûs de Sauternes, faisant des apparitions à celui de La Malmaison qu'il a restauré pour l'offrir à l'État... satisfaisant ses goûts de collectionneur éclairé, autant que ceux de l'homme paisible et riche.

Les relations avec lui étaient d'une intimité attachante et d'une amitié sûre; si ses mœurs faciles et douces s'alliaient à un caractère de bronze, c'est un contraste de sentimentalité et de volonté unis qu'on retrouvait dans sa parole et sous sa plume... avec des formes tendres, il était ferme...

La douceur de ses yeux trahissait cette tendance d'âme, qui aurait été une faiblesse, si elle n'eût été contrebalancée par la forme de son crâne où perçait une volonté qui faisait sa force

Sous la rudesse de l'homme d'argent, il y avait la finesse de l'homme d'esprit et la délicatesse de l'homme de cœur; il était armé pour défendre ses fonds... Moins fortuné et surtout moins sollicité, il n'eût été que spirituel et bon, croyant ou confiant; son cerveau défendait son cœur ou le limitait.

Dans sa personne, il avait des allures élégantes et courtoises; l'abord facile, l'accueil agréable, une conversation plaisante, des traits fins et spirituels adroitement semés et à propos; il était gai, facile au rire, trouvant le mot pour cela, d'un commerce aimable qui en constitue le charme; il y avait en lui, dans son geste, quelque chose de caressant et d'onctueux qui faisait pressentir la part sensible d'un cœur aimant et tenant au côté féminin, il y avait de la femme dans cet ensemble; il le disait lui-même, il aimait les insignes de la femme, les fleurs, les fines dentelles, les bijoux délicats, les perles de préférence aux pierres, les robes légères et bien faites; il s'arrêtait volontiers devant un chapeau et se retournait sur une femme bien mise...

L'élégance lui chatouillait l'œil; il en eut pour lui-même, il était minutieux dans les soins qu'il se donnait, raffiné dans ceux de sa personne, apprêté dans ceux de sa toilette; frais rasé chaque matin, même celui de sa mort, les cheveux bien arrangés par une raie, à l'ancienne Capoul, la moustache lisse, la main qu'il avait fine et blanche et qui dénotait la délicatesse de ses procédés était bien faite et significative. Il manifestait à ses préférés une amitié soucieuse en même temps que veloutée, un souci duveté de leurs intérêts et il inspirait une exquise sympathie autant qu'une affection émue, d'où il ressortait pour eux, toujours quelque bien.

Le personnel de l'hôtel se composait d'une cuisinière, une femme de chambre, un domestique; par des combinaisons spéciales à M. Osiris, tous avaient un domicile permanent et assuré en dehors de l'hôtel, la cuisinière était concierge d'un de ses immeubles voisins, la femme de chambre était propriétaire de maisons à la campagne et le domestique était logé dans un de ses châteaux.

Tout porte à croire que le domicile de chacun le préoccupait, puisqu'il l'assurait à tous ; cette prévoyance découle encore de son esprit pratique et de son sentiment bienfaisant.

En temps normal, le service était facile. M. Osiris recevait jusqu'à midi de nombreux visiteurs, puis il sortait déjeuner dehors, soit chez des amis, soit à son cercle.

Dans sa dernière maladie, il dut prendre quelqu'un de plus, un valet de chambre; il fit venir celui de sa propriété à la campagne. Comme tout, affaire à conclure : les préliminaires furent longs : gages à fixer, conditions de service, prévision de retour au pays, etc.; une correspondance s'ensuivit, et après lettres et dépêches échangées, L... fit connaître le jour et l'heure de son arrivée à Paris.

Le personnel en fut réjoui, et chacun tira ses plans. Le domestique me confia sa joie de voir arriver, le désiré L... parce que, disait-il comme ça, j's'rai plus libre, j'y f'rai faire le dedans pendant que j'f'rai le dehors parce que, comme disait la cuisinière, « à la maison y peut pas s'y tenir, faut qu'y sorte », et il ajoutait : « si les coins n'en veulent qu'y s'approchent », — il n'était pas né balayeur, il était plutôt né fatigué; la cuisinière âgée, grosse et peu valide, en s'asseyant d'aise, me conta que L... arrivait à propos pour la soulager « qu'é y f'rai battre ses tapis, frotter les meubles, faire le ménage du bas, quoi!... »

La femme de chambre m'expliqua que, occupée comme elle l'était « après Monsieur, », elle ferait faire à L... le salon, le cabinet, la chambre à « Monsieur », le ménage d'en haut...

J'arrivai, après ces stations, auprès de M. Osiris qui me dit simplement que L... resterait auprès de lui pour le veiller...

J'aurais pu songer à L... pour lui faire faire le courrier... Pauvre L.,. il ne se doutait guère de ce qui l'attendait... comme les prima dona de grands théâtres, tous rêvaient d'une doublure en lui.

Le jour de son arrivée, on crut le rêve réalisé; le domestique habillé en monsieur, et repoussant d'un geste large, son chapeau en arrière, comme d'un front trop chargé de pensées, disait à la cuisinière ébahie : « Dorénavant, passé dix heures, j'ny suis plus pour les gogos », et majestueusement il sortit.

Il fallut en rabattre ; le lendemain, chacun était éclairé sur les attributions de L... qui prit place auprès de M. Osiris bien malade et le domestique, ayant repris le tablier à bavette, s'en fut, comme naguère, même passé dix heures, ouvrir la porte, aux coups de sonnette des gogos.

La simplicité du maître s'étendait jusque là ; la livrée était ignorée, chacun se vêtait à sa convenance.

M. Osiris a quelques aventures réminiscentes de celle de Charles-Quint faisant célébrer ses obsèques de son vivant, qui se résumaient dans son esprit par : l'impression de sa mort sur son entourage.

M. Osiris allait à son domaine de la Tour Blanche; de temps à autre durant ses absences, il écrivait à Paris pour parler de ses affaires et donner de ses nouvelles, lorsqu'à l'un de ses voyages, les nouvelles se firent de plus en plus douteuses sur sa santé, jusqu'à la réception d'un télégramme long comme une lettre qui contenait des ordres précis pour son arrivée à la gare et sa rentrée chez lui; le domestique devait louer un landeau, y mettre un matelas et se faire accompagner d'un ou deux hommes pour venir l'attendre au train indiqué.

M. Osiris arrivait et comment : couché dans un wagon-lit (il prenait couramment des 3ᵉ classes), l'air abattu, les yeux clos ou vagues, la barbe poussée, incapable de se mouvoir, avec tous les signes d'une grave maladie.

Les hommes venus au-devant de lui, le prirent avec beaucoup de précautions pour le mettre sur le matelas et le porter jusqu'au landeau, la voiture alla au pas pour éviter les cahots. A l'hôtel, même cérémonial pour la descente; on le transporta du landeau dans sa chambre, sur son matelas et avec les mêmes soins, on le déposa sur son lit, M. Osiris était inerte et sans voix... on le crut perdu.

Le lendemain matin, lorsque le domestique vint prendre des nouvelles, il resta stupéfait de surprise... c'était lui « le gogo ». M. Osiris, qui s'était fait raser, avait son teint frais habituel; habillé, le chapeau sur la tête, il allait sortir, et il sortit.

Une autre fois, M. Osiris eut une attaque de fièvre, je l'ai vu; il était abattu, absorbé, parlant à peine... il ne recevait personne; ce qui était un indice de mauvais augure. J'étais venue deux fois aux nouvelles, et rien de bon n'était dit; un médecin lui avait fait trois visites.

Le lendemain, revenue vers onze heures, j'attendais qu'on l'avertit de ma visite... une domestique me donnait quelques détails: M. Osiris était très mal, sans sommeil, sans forces, ne prenant rien, enfin on craignait qu'il ne se remit pas de cette crise... lorsque derrière elle, la porte s'ouvre, M. Osiris entre et me salue en me disant : « Mademoiselle, je suis à vos ordres, où allons-nous?...» et je l'accompagnais, comme il arrivait souvent, chez des amis, ... où il allait déjeûner, c'est assez bien!

Vers 1840 vivait à Paris, un homme qu'on ne connaissait pas autrement que par cette désignation : « l'homme au petit manteau bleu. »

Celui qu'on appelait ainsi et dont on ignorait le nom, était un secourable des quartiers pauvres, un instinctif de bonté naturelle, naïvement exprimée, avec l'initiative d'une charité naissante à l'époque, qui s'est accrue jusqu'à la philanthropie de nos jours.

L'homme au petit manteau bleu achetait des pains de six livres qu'il coupait et distribuait lui-même le matin à qui en voulait, à l'angle du faubourg Saint-Antoine et de la rue Sainte-Marguerite... C'est tout ce qu'on a su de lui dans le quartier. Cependant, M. Claretie, qui en sut plus long, ajoute :

« L'homme au petit manteau bleu, que Paris avait ainsi sur-
« nommé, parce que les épaules recouvertes d'un carrik de cette
« couleur, il allait chaque matin aux Halles faire servir de la
« soupe aux pauvres gens affamés, s'appelait « Champion »; il

4

« était bourguignon, né dans l'Yonne, venu à Paris, établi au
« Palais-Royal, l'Homme au petit manteau bleu avait fait une
« assez jolie fortune dans la bijouterie. On prétendait qu'il savait
« compter serré et n'était pas tendre avec ses locataires en retard
« pour le paiement du terme..., mais il était généreux publique-
« ment; on le voyait guetter les convalescents à leur sortie de
« l'Hôtel-Dieu et glisser dans leurs poches, des pains frais cachés
« dans son légendaire manteau ».

Il semble que l'homme au petit manteau bleu eut été le précur-
seur de M. Osiris qui devait élargir cette œuvre « du Pain » en
fondant plus tard, celle « du Pain pour tous », et surtout en y
mettant quelque chose dessus, par celle des fourneaux populaires
publics et gratuits, qu'il installa dans plusieurs quartiers. Telles
furent les premières œuvres de M. Osiris.

Plus il avança dans la vie, plus il étendit cette philanthropie, dont
il fut l'instigateur par ses créations et le continuateur par ses legs.
Ses œuvres peuvent se diviser en deux catégories, les œuvres de
son vivant et les œuvres posthumes.

De son vivant, M. Osiris a donné :

1° A l'Institut de France, la rente du capital de un million pour
la création d'un prix triennal de cent mille francs.

2° Au Syndicat de la Presse dont M. Dupuis, est le président, un
capital de cent mille francs pour récompenser l'œuvre la plus
remarquable d'intérêt ou d'utilité public de l'exposition de 1900.
Non attribué, le capital fut réparti par moitié et par M. Orisis à
M. Curie pour sa découverte du radium et à M. le docteur Branly
pour celle de la télégraphie sans fil.

3° Un don de dix mille francs fut distribué, moitié aux meneurs
des petites voitures des rues, qu'on appelle, « marchands des quatre
saisons », moitié aux fabricants de jouets du jour de l'an, avec condition de rendre le prêt de cinquante francs consenti à chacun,
après la vente faite et le bénéfice réalisé, pour être prêté à nouveau, l'année suivante et de la même façon.

4° A la Salpêtrière, M. Orisis a fait bâtir sur les conseils éclairés du docteur Segond et pour y appliquer sa science chirurgicale deux pavillons réservés aux femmes malades et atteintes de cas spéciaux.

5° A l'Etat, M. Osiris a fait don de son château « La Malmaison » pour être converti en Musée historique au souvenir et à la mémoire de l'Empereur Napoléon Ier et de l'Impératrice Joséphine.

L'historique de La Malmaison peut se résumer en quelques mots :

Son origine remonte au XIe siècle, lors de l'irruption des Normands; leur chef, nommé Odon, s'établit avec quelques soldats, sur une des collines dominant la Seine, d'où il s'élançait sur les voyageurs ou marchands qui passaient sur la route, pour les dévaliser s'ils avaient de l'argent, ou les égorger s'ils n'en avaient pas.

Ces crimes frappèrent la population d'une telle épouvante que l'espèce de grange qui servait de repaire aux brigands fut appelée « Mala domus », mauvaise maison, dont on a fait « Malmaison ».

La superstition qui s'attacha à ce territoire maudit, le fit abandonner durant plusieurs siècles, jusqu'au jour où les moines de Saint-Denis s'en emparèrent pour en faire un lieu de culture modèle et de luxe agricole.

Les moines vendirent La Malmaison vers la fin du XVe siècle à un sieur Pierrot, conseiller au Parlement de Paris qui le céda à Guiton de Foulargues, capitaine des gardes de Richelieu; celui-ci pour sa sécurité, fit construire un bâtiment, afin d'y loger sa compagnie.

La Malmaison, en 1792, est vendue comme propriété nationale à un fournisseur des armées de la République jusqu'au jour où Napoléon écrivit à Joséphine pour lui recommander l'acquisition d'une maison aux champs : « Je ne veux pas un palais, lui disait-il, « dans une de ses lettres, mais une de ces riantes villas, comme « tu en as tant vu en Italie. Que le logis soit un peu plus grand

« que la maison de Socrate, mais qu'il ne soit pas aussi splendide
« que celui de Scipion, car je ne ramènerai pas d'Egypte, trois
« cents esclaves, comme Scipion en ramena de Carthage. »

Et Joséphine, après avoir hésité entre Ris et La Malmaison, se
décida pour cette dernière, qu'elle acheta de M. Lecoulteux du
Moley, moyennant deux cent mille francs, dont quarante mille
furent payés à compte.

La Malmaison, embellie, fut célébrée plus tard par Delisle dans
son poème *Des Jardins* et ses plantes fleuries peintes par Redouté.
Parée des statues de Canova et des tableaux de Vernet, La Malmaison était un séjour délicieux que l'Empereur préférait, disait-
il, à « sa cage dorée des Tuileries ».

M. Osiris acquéreur du château de La Malmaison l'avait acheté
le 17 juillet 1896 de M. Raoul Napoléon Suchet duc d'Albufera et
de Mme la marquise de Bonneval sa sœur, héritiers de leur sœur,
la comtesse Marthe Suchet d'Albufera qui l'avait acheté de
Mme veuve Lachaume héritière de M. Crépinet, lui-même acquéreur à la vente Gautier sur enchères au Tribunal le 6 novembre 1877.

M. Gautier comme propriétaire succédait à l'Etat.

La Malmaison dépendait du domaine de la Couronne par « acqui-
« sition faite le 15 avril 1861 en remploi de l'indemnité d'expro-
« priation du terrain retranché du palais de l'Elysée pour l'ouver-
« ture d'une voie nouvelle destinée à l'isolement du palais. »

Elle fut possédée aussi par un M. Jonas Hagermann après la
chute de l'Empire; puis par Mgr. le duc de Riausarès et Sa
Majesté la reine Christine de Bourbon, acquéreurs eux-mêmes des
biens de la succession Jonas Hagermann.

M. Osiris devenu propriétaire de La Malmaison la fit restaurer
pour réparer du temps, de l'abandon et des invasions allemandes
l'inoubliable outrage.

Il s'y intéressa comme à toute œuvre personnelle; cet homme
faisait tout ou rien, et la lettre qu'il écrivit à ce sujet à M. Roujon,

directeur des Beaux-Arts, témoigne de son attentive et minutieuse sollicitude pour tout ce qu'il entreprenait. Il voulait toujours que ce fut bien.

    A Monsieur Roujon, Directeur des Beaux-Arts.

Cher Monsieur,

« Permettez-moi de résumer en quelques lignes le résultat de la visite que vous avez bien voulu faire vendredi 10 courant au château de La Malmaison, en présence de M. Daumet.

« Les travaux exécutés dans les pièces du rez-de-chaussée, n'ayant soulevé, ni de votre part, ni de celle de M. Daumet, aucune critique et la suite que je compte leur donner ayant obtenu votre approbation, je vais sans retard y apporter la dernière main.

« Cela fait, je vous demanderai de vouloir bien, ces travaux terminés, venir les examiner.

« En ce qui concerne les pièces du premier étage, et plus particulièrement les chambres de Napoléon et de Joséphine, ainsi que le cabinet de toilette de l'Impératrice, dont la restauration est plus délicate, je souhaiterais obtenir de votre bienveillance des indications ou des documents qui me permissent de mener à bien le travail.

« Je regrette bien vivement que vous n'ayez pu jusqu'ici me faire savoir officieusement, s'il vous conviendrait d'installer à La Malmaison, les meubles, tapisseries et autres objets appartenant à l'époque napoléonienne, existant dans les Musées, Ministères ou garde-meubles de l'État, et que vous attendiez pour prendre tout engagement à cet égard, l'achèvement complet des travaux de reconstitution.

« Je me permets d'appeler de nouveau votre bienveillante attention sur ce point ainsi que sur les sommes qui seront nécessaires pour assurer l'entretien futur du château et de ses jardins; ces derniers me seraient bien utiles et me faciliteraient la réalisation de mon projet de donation à l'État.

« J'espère que vous voudrez bien, dans la circonstance, ne pas me refuser vos précieux avis, et, dans l'attente de votre bonne réponse, je vous prie d'agréer, etc...

Osiris. »

La restauration du château de La Malmaison achevée, M. Osiris avait hâte d'en exécuter le don à l'Etat.

Il écrivit dans ce but au ministre de l'époque, M. Georges Leygues ministre de l'Instruction publique et des Beaux-Arts.

« Cher Monsieur,

« M. le Président du Conseil m'a fait l'honneur de me recevoir samedi dernier chez lui, ce qui m'a permis de l'entretenir du château de La Malmaison.

« Nous nous sommes trouvés d'accord au sujet de la donation que vous connaissez ; M. Waldeck-Rousseau a ajouté qu'il allait en parler aussitôt, de façon à ce que les actes fussent préparés entre les notaires. J'ai avisé immédiatement le mien, Me Philippot qui s'est rencontré avec le vôtre, Me Cottin, lequel n'a pas encore reçu d'instruction de votre part.

« Je viens donc vous prier, cher Monsieur, de vouloir bien me fixer le jour le plus prochain où je pourrai avoir l'honneur de vous voir, afin que vous m'indiquiez le moment où les actes, sanctionnant la donation depuis si longtemps acceptée par M. le Président de la République et par le gouvernement, pourront être signés.

« Veuillez agréer, cher Monsieur...

9, Rue Labruyère, 22 février 1902.

Osiris. »

Ce rendez-vous sollicité fut obtenu deux ans après.

L'Etat français a accepté la donation de La Malmaison par M. Osiris, par décret du Président de la République, M. Emile Loubet, en date du 16 janvier 1904.

La Malmaison fut meublée et le Musée constitué par les soins de M. Osiris et la généreuse donation de Sa Majesté l'Impératrice Eugénie.

A la demande de M. Osiris, Sa Majesté l'Impératrice Eugénie envoya à la Malmaison les meubles, objets personnels et souvenirs ayant appartenu aux souverains, l'Empereur Napoléon 1er et l'Impératrice Joséphine, religieusement conservés par la reine Hortense au château d'Arnenberg.

Une autre donation est faite par M. Osiris à l'État : celle des meubles personnels et objets d'art de son hôtel à Paris, destinés à former un Musée Osiris à créer auprès de celui de La Malmaison... Cette donation est caduque, M. Osiris étant décédé avant l'acceptation du don par l'État... Sera-t-elle réitérée par l'héritier de M. Osiris? L'avenir le dira.

Que de mal pour arriver au bien?

. . . .

Les œuvres posthumes de M. Osiris, figurant dans son testament, sont, pour un grand nombre, des œuvres créées de son vivant et auxquelles le legs assure un revenu; d'autres sont simplement héritières à son décès, les unes et les autres sont mentionnées dans le recueil de la Ville de Paris (Actes administratifs), ainsi qu'il suit :

Legs Osiris.

Aux termes de ses testaments et codicilles olographes en date des 15 mars, 5 juillet et 27 décembre 1906, déposés en l'étude de Me Philippot, notaire à Paris, M. Daniel-Iffla Osiris, en son vivant demeurant à Paris, rue La Bruyère, n° 9, où il est décédé le 4 février 1907, a fait notamment les dispositions suivantes :

15 mars 1906.

« Je révoque expressément tout testament ou codicille quelconque que j'ai pu faire sous telle forme que ce soit antérieurement à ce jour...

« ..... j'institue pour mon légataire universel l'Institut Pasteur établi à Paris, rue Dutot.

« Tous les legs particuliers que je vais faire dans le présent testament et tous ceux que je pourrai faire par la suite seront délivrés aux légataires francs et nets de tous frais et droits de mutation quelconque, qui seront supportés par ma succession. Ils ne seront productifs d'aucun intérêt s'ils sont payés au cours des six premiers mois qui suivront l'ouverture de ma succession.....

« ..... et si, par suite, mes legs particuliers en capitaux ne pouvaient être payés dans ce délai j'entends qu'ils soit productifs d'intérêts au taux légal qui commenceront à courir le 1er jour du 7e mois qui suivra mon décès.....

« Je veux que l'émolument net de l'Institut Pasteur mon légataire universel dans ma succession ne soit dans aucun cas inférieur à trois millions de francs; par suite en cas d'insuffisance et s'il était nécessaire tous mes legs particuliers seront réduits proportionnellement à leur importance pour qu'il reste au moins trois millions de francs nets à l'Institut Pasteur.....

« Je donne et lègue savoir :

« 1° A la Société des gens de lettres une somme de vingt mille francs.

« 2° A la Société des auteurs et compositeurs dramatiques une somme de vingt mille francs.

« 3° A l'Académie de Médecine de Paris une somme de vingt-cinq mille francs à l'effet de fonder avec les arrérages accumulés pendant trois ans un prix perpétuel et triennal qui sera décerné à l'auteur du meilleur ouvrage de clinique médicale paru pendant chaque période triennale; je désire que ce prix porte le nom de mon excellent ami, Monsieur le Professeur Potain en reconnaissance des soins qu'il a donnés tant à moi-même qu'à des personnes qui me sont chères.

« 4° A la Société du pain pour tous dont je suis membre une somme de dix mille francs.

« 5° A la Société de l'allaitement maternel et des refuges ouvroirs pour les femmes enceintes, dont le siège est à Paris rue Miromesnil n° 11 bis une somme de vingt-cinq mille francs pour la fondation de deux lits qui porteront l'un mon nom Daniel Osiris, l'autre celui de ma défunte femme Léonie Osiris.

« 6° A l'Orphelinat des Hôpitaux marins, dont le directeur Bergeron fut le Président, une somme de vingt-cinq mille francs.

« 7° A la Société Générale de protection pour l'enfance abandonnée ou coupable dont le siège est à Paris, 67, rue de Lille, et dont le Président est Monsieur Boujean, juge au tribunal civil de la Seine, une somme de trente mille francs.

« 8° A l'Orphelinat des Arts, dont Madame Marie Laurent fut la Présidente et à qui j'ai promis de son vivant une somme de vingt-cinq mille francs.

« 9° A la Société de protection des engagés volontaires dont le Président est Monsieur Voisin, conseiller à la cour de Cassation une somme de vingt-cinq mille francs.

« 10° A l'établissement de Belleville dirigé par Mesdemoiselles Kopp et particulièrement par la sœur aînée, une somme de vingt-cinq mille francs, à la condition que la salle au 2e étage faisant pendant à celle de Mlle Hélène Bourgeois située au 1er étage portera le nom de ma défunte femme Léonie Osiris.

« 11° A la directrice spéciale de cet établissement Mademoiselle Kopp en récompense de sa collaboration active et dévouée à l'œuvre une somme de mille francs.

« 12° A la Société amicale et de prévoyance de la Préfecture de police de Paris une somme de quatre mille francs.

« 13° A la Société de l'assistance par le travail du 9e arrondissement de Paris et qui a pour président M. Schwartz une somme de deux mille francs.....

« ..... je donne et lègue à la Société d'Encouragement de l'Escrime que préside avec tant de distinction mon très honorable ami Monsieur Hébrard de Villeneuve une rente annuelle et perpétuelle de quinze cents francs pour la fondation du prix annuel qui devra être décerné par cette Société à mon nom lors du concours d'escrime des Ecoles militaires et civiles du Gouvernement ainsi que des lycées et collèges. J'ai le vif désir que les élèves de l'Ecole Turgot, dont je m'honore d'avoir été l'élève participent à ce concours annuel d'escrime; le prix qui sera appelé prix Osiris sera

décerné tous les ans le jour de la distribution des prix et les lauréats en seront proclamés publiquement le jour même de cette
solennité et sera représenté par quinze médailles d'or à remettre
aux divers lauréats d'une valeur de cent francs chacune et conformes au modèle déjà remis par moi à la Société et dont le coin
est déposé à la Monnaie de Paris; bien entendu, cette médaille
d'honneur devra porter gravés sur la face ces mots : Prix Osiris....

« .... Je donne et lègue à la Ville de Lausanne.....

« ... 1° La somme de cinquante mille francs pour élever un
temple israélite dont on s'inspirera pour la construction sur celui
que j'ai fait édifier à Paris rue Buffault avec reproduction des
plaques commémoratives existantes dans ce temple sauf les ins-
criptions suivantes : " à mes parents " à mes amis ", qui s'y trouvent gravées.

« 2° Et une autre somme de cinquante mille francs pour élever à
Lausanne aussi près que possible du monument de Guillaume
Tell une chapelle qui sera exclusivement consacrée à ce héros.
Une plaque en marbre blanc indiquant le nom du donateur sera
placée sur la façade de la chapelle.

« N'ayant pu acquérir la maison où est née Jeanne d'Arc, je
voudrais que la belle statue de Frémiet offerte par moi à la ville
de Nancy fut déplacée et qu'elle occupât au centre de la Ville le
plus bel emplacement au milieu d'un square. Je voudrais aussi
que le monument soit entouré d'une grille artistique et que tous
les ans, le jour de sa fête, une couronne d'immortelles soit déposée
en mon nom aux pieds de cette immortelle Jeanne d'Arc; dans ce
triple but, je donne et lègue à la Ville de Nancy une somme de
cent mille francs, en exprimant un dernier et sincère remerciement à M. M... ex-maire et au Conseil Municipal de Nancy, qui
grâce à ce legs, sauront donner au monument de Jeanne d'Arc tout
l'éclat qu'il mérite.

« Je donne et lègue à la Ville de Paris une rente annuelle et
perpétuelle de cinq cents francs pour la fondation d'un prix
annuel de pareille somme qui devra être décerné à celui des Pro-
fesseurs de gymnastique des Écoles communales laïques de la
Ville de Paris qui aura obtenu les meilleurs résultats au point de

vue de l'amélioration de la santé et des forces des enfants débiles et difformes. Ce prix portera le nom de prix du colonel Dérué, fondation Osiris.

« Je donne et lègue à la Ville de Paris la somme de cent mille francs à la charge d'employer cette somme à élever un monument à la mémoire de deux femmes de bien : Mesdames Boucicaut et baronne de Hirsch. Je désire qu'un groupe en marbre blanc représente ces deux excellentes femmes sous les traits de la Bonté et de la Charité et qu'il soit placé dans le square des ménages situé entre les rues de Sèvres et de Babylone; je désirerais que ce square prit alors le nom du Docteur Potain, ancien membre de l'Institut et de l'Académie de Médecine.

« Je donne et lègue à la Ville de Paris une rente annuelle et perpétuelle de douze cents francs pour la fondation de prix qui devront être décernés tous les ans le jour de la distribution des prix aux élèves jugés les plus dignes et les plus méritants à tous égards de l'Ecole Turgot dont j'ai été l'élève du jour même de sa fondation..... il sera placé dans la cour principale de l'Ecole une plaque en marbre rouge indiquant en lettres gravées ce legs et le nom du fondateur : Osiris, ancien élève de l'Ecole Turgot, sous la direction de Monsieur Pompée.

« Je donne et lègue :

« 1° A la Ville de Paris une rente annuelle et perpétuelle de deux mille francs.

« 2° A chacune des villes de Bordeaux, Marseille, Lyon, Nancy, Arcachon, Berne, Genève et Lausanne, une rente annuelle et perpétuelle de mille francs.

« Je lègue ces rentes pour la fondation d'un prix annuel destiné à récompenser les élèves jugés les plus dignes et les plus méritants des Ecoles communales filles et garçons de ces villes sans distinction de culte. Ce prix annuel qui sera de deux mille francs pour Paris et de mille francs pour chacune des autres villes que je viens de désigner, portera le nom de « prix Osiris »; il sera décerné le jour des distributions de prix et sera divisé en prix de cinquante francs à répartir également entre les écoles de filles et celles de garçons et qui seront employés en un Livret de caisse d'épargne au nom de chaque lauréat qui ne pourra en disposer avant son mariage. »

1ᵉʳ codicille (5 juillet 1906).

« Je donne et lègue à l'Etat Français ma propriété située sur la commune de Bommes près Sauternes (Gironde) appelée le château de la Tour Blanche avec ses aisances, dépendances et vignobles y attachés et tout le matériel se trouvant dans cette propriété destinée à la culture de la vigne et à la récolte du raisin.

« Ne font pas partie du présent legs et sont au contraire expressement réservés par moi tous les meubles, objets mobiliers, effets personnels, linge, livres, marbres, œuvres d'art, en un mot tout le mobilier proprement dit qui pourra se trouver dans la propriété léguée au jour de mon décès.

« Dans le vignoble, l'Etat donnera un enseignement pratique populaire et gratuit de viticulture et de vinification par les soins du gérant de la propriété sans aucun frais pour l'Etat, le legs devant se suffire à lui-même et au delà au moyen des revenus du vignoble.

« Toute personne qui désirera suivre cet enseignement pratique en fera la demande à la municipalité de Bommes qui lui délivrera une carte d'entrée.

« La propriété portera en façade ces mots : Donation Osiris. »

2ᵉ codicille (5 juillet 1906).

« Je donne et lègue à la Ville de Bordeaux ma ville natale la somme de deux millions pour la fondation dans cette ville d'un asile de jour où seront reçus à des heures différentes fixées par la municipalité bordelaise des ouvriers âgés et des indigents des deux sexes sans distinction de culte.

« Cet asile de jour fonctionnera dans un bateau de construction et d'aménagement appropriés à sa destination et qui sera amarré au milieu de la Gironde à l'endroit jugé le plus convenable par la municipalité...

« . . .Cet établissement portera en façade ces mots : Fondation Osiris. »

3ᵉ codicille (27 décembre 1906).

« Je donne et lègue au Ministère de l'Instruction publique et des Beaux-Arts au profit du Conservatoire national de Musique et de déclamation un titre de Rente Française trois pour cent perpétuel de cinq mille francs dont les arrérages seront destinés à la fondation d'un prix annuel de pareille somme qui sera attribué chaque année à un lauréat homme ou femme ayant obtenu un 1ᵉʳ prix dans les classes d'art lyrique et d'art dramatique, c'est-à-dire : opéra, opéra-comique, tragédie et comédie.

« Ce prix portera le nom de Grand prix Osiris et sera décerné par le Ministre des Beaux-Arts sur la présentation du Conseil supérieur du Conservatoire. Ces cinq mille francs seront remis au Lauréat par quart, de trois mois en trois mois. »

Par son testament, M. Osiris remonte aux débuts de son existence, et il en suit le cours en marquant les points saillants, de dons qui soulignent encore son soin de la vie, son amour de la vie.

C'est Bordeaux, son pays, la ville où il est né, qu'il dote de la plus attendrissante et de la plus durable de ses œuvres, et de la plus significative de son instinct de vie, puis Paris, où il vécut, où il s'enrichit, où il mourut qu'il comble du plus gros lot de ses millions aux médecins, pour que la vie acquise, soit consacrée par la santé.

A Bordeaux, il fait deux legs. Par le premier, il donne son domaine « La Tour-Blanche » qui produit un des meilleurs crûs de Sauternes; le vin... une des plus fortes assises de la vie, celle qui l'échafaude et la consolide; le vin qui succède au lait et qu'on appelle le lait des vieillards, il en fait un sujet d'études; il y crée une école d'enseignement pratique. populaire et gratuit de viticulture et de vinification, une étude de progrès sanitaire, une source de vie, une chance de vie.

Par le second legs, il donne une somme de deux millions « pour

« la fondation dans cette ville d'un asile de jour où seront reçus, à
« des heures différentes fixées par la municipalité bordelaise des
« ouvriers âgés et des indigents des deux sexes sans distinction de
« culte.

« Cet asile de jour fonctionnera dans un bateau de construction
« et d'aménagement appropriés à sa destination et qui sera amarré
« au milieu de la Gironde à l'endroit jugé le plus convenable par
« la municipalité... »

Cet établissement portera en façade ces mots :

Fondation Osiris.

M. Osiris donne asile aux malheureux et il veut que ce soit pour
toujours ; alors il désigne un bateau, dans une intention marquée ;
il prévoit et déjoue les répulsions de la misère chez les propriétaires récalcitrants et les plaintes processives ou opposantes de
voisins mécontents, voire même les caprices du caractères humain
même bienfaisant, les chicanes de toutes parts qui pourraient ou
empêcher son œuvre de se faire, ou la détruire et qui en compro-
mettraient la stabilité et l'avenir ; alors il lui assigne un siège hors
les habitations sociales, loin du monde même sociable. sur un
bateau pour en faire une île inattaquable autant qu'indestructible,
par les atteintes malsaines et des villes et des êtres... dans un
bateau que la municipalité de Bordeaux a la charge d'entretenir
sur l'eau... l'eau ! élément divin, il y ancre son œuvre parce qu'il
la veut immortelle, prenant Dieu pour base et l'éternité pour
durée !

N'est-ce pas là une touchante réédition de l'Arche de Noé ?
puis comme c'est bien lui et comme de lui c'est bien...

Enfin tous les millions dont il n'a pas disposé sont à l'Institut
Pasteur, l'Institut de vie, pour encore l'étude de la vie et le
summum de la vie, l'immortalité de la vie !

Comme tout cela résume bien son rêve et comme son rêve est bien...

M. Osiris a été méconnu; on lui a reproché de n'avoir pas prodigué son argent; cependant, on sait qu'il donnait par ses œuvres que son testament permet de rendre publiques et par ses dons privés en réponses aux demandes personnelles.

Les lettres venaient en nombre chaque jour, et de tous les pays du monde et sous tous les prétextes possibles; il y en eût de Jérusalem, en hébreu.

Les idées abondaient; chacun apportait la sienne pour en obtenir la réalisation par l'aide officiel ou officieux de M. Osiris.

C'est ainsi que je lui proposai la création d'un Musée féministe; lors de l'acquisition par lui du château de La Malmaison offert à l'État qui, lui, a réalisé la moitié du vœu. C'est un Musée, mais un Musée masculin... En passant, les institutrices ont des lycées, pourquoi les femmes artistes n'auraient-elles pas les Musées? Je dédie cette réflexion à M. le Ministre des Beaux-Arts...

On osait tout demander à M. Osiris : les riches sollicitaient sa participation à des œuvres à fonder, ou offraient de lui vendre des immeubles, des terrains, des objets d'art, tableaux, statues, faïences, collections de gravures, ouvrages de bibliothèque, etc.; les autres imploraient simplement sa commisération, sa pitié pour obtenir le secours nécessaire, un peu d'argent pour payer un terme, soigner un malade, faire une cure d'eaux, tenter une guérison à Lourdes, ou s'établir, créer quelque chose, exécuter une invention, faire face à une échéance commerciale, éviter une faillite, ou des poursuites judiciaires ou correctionnelles; tel autre, parti en pays étranger pour une affaire avortée, sollicitait l'argent de son billet de retour, etc.

Tout le monde venait là, chez M. Osiris, sans distinction de rang, de fortune, de secte ou de nationalité; on y venait comme les lettres y arrivaient de partout et pour toutes les causes don la raison était surtout et toujours l'argent.

Tel personnage ou particulier créait une œuvre ou fondait une affaire, il écrivait à M. Osiris...

Tout ce qui avait l'argent pour base aboutissait là...

J'en sais d'expulsés qui avaient leurs meubles sur le trottoir, pendant qu'ils s'étaient réfugiés chez des amis, et que l'aide de M. Osiris a réintégrés dans un domicile convenable... Pour ceux-là et pour beaucoup, M. Osiris est et restera une Providence, lorsqu'une demande d'un nouveau genre ouvrit un nouvel horizon à sa philanthropie.

Une femme mourut à l'hôpital, laissant une lettre à lui adressée, pour en obtenir une sépulture, redoutant par dessus tout la fosse commune; son attention s'y arrêta, un sentiment nouveau se fit jour; il fit enterrer la morte dans une tombe provisoire, puis l'idée mûrie, il fit faire un caveau d'une dizaine de places où reposent des gens qui ne se sont jamais connus et qui ont eu la même pensée, la même horreur de la fosse commune.

Cette tombe est une véritable hospitalisation, un vénérable phalanstère.

A cette œuvre de cœur, tout simplement touchante, il a associé un ami à qui peuvent aller les remerciements de ceux qui comprennent et partagent le côté délicat de l'intention... car cela est bien!

Une autre demande lui fut faite par des femmes que la mort de leur mari et oncle plongeait dans la misère; elles sollicitaient l'apprentissage d'un état. M. Osiris leur fit apprendre la sténographie et la dactylographie, afin qu'elles puissent gagner leur vie... J'étais du groupe: je n'ai pas poursuivi, entraînée par d'autres idées, mais il n'en est pas moins vrai qu'à celles-là, il a assuré l'avenir d'une façon plus profitable que par n'importe quel don passager d'argent... et il fit bien.

Il est des riches, presqu'autant que lui, qui ne donnent pas deux sous aux garçons du Louvre apportant des paquets chez eux « par principe », ni un sou à un mendiant de la rue « pour ne pas encou-

rager la paresse » par principe, et qui montent sur l'impériale
des omnibus pour économiser trois sous « par principe » toujours.
A ceux-là, ou ne leur demande pas en vertu de quel principe, ils
évitent de dépenser, et ne donnent rien — on ne les juge pas...
pendant qu'à M. Osiris qui a toujours donné de son vivant et qui
a tout donné à sa mort, on lui reproche de n'avoir pas assez donné
ni laissé de sa fortune. Le véritable axiome pour y répondre est
celui-ci : « On lui savait peu gré de l'argent qu'il donnait mais on
« ne lui pardonnait pas celui qu'il ne donnait pas. »

C'était trop d'or pour quelques-uns... il rêva faire beaucoup
d'heureux... il chercha sinon le bonheur, mais une des bases du
bonheur et il trouva la santé pour l'acquérir et la vie pour en jouir

Ce fut son rêve à lui; il l'adapta à l'humanité tout entière et il fit
son testament dans ce sens, et je me demande si je me trompe
quand cela me semble bien !

Un autre philanthrope était opposé à M. Osiris; il agissait beaucoup pendant que M. Osiris cherchait le bien à faire. M. X... lui
disait : « Je fais tout de mon vivant » à qui M. Osiris répondait :
« Je ferai tout après moi ».

J'y vois cette nuance résumée par un homme d'État : « Les gens
d'actions réussissent un jour, les gens d'idées aboutissent toujours ».

En dépit de leur divergence, tous deux s'entendaient là-dessus
que possesseurs de millions, ils en devaient une part à la société.

Voilà un principe qui rétablit l'équilibre, c'est le principe du
Bien.

Il est une petite ville de France dont l'église est ornée de
tableaux religieux offerts par le maire, un haut magistrat, et
donnés par M. Osiris qui a voulu rester ignoré... Le maire avait
rendu quelques services à M. Osiris qui a pris ce moyen détourné
pour lui dire merci.

M. Osiris s'amusait avec son argent; il lui arrivait de semer des
louis par terre et d'en faire rouler sous les pieds des visiteurs; il

5

s'en trouva un au bout de ma bottine... Au bruit de l'or tombant, il me fit cette réflexion : « C'est comme ça que vous les semez ? » et moi de répondre : « Il y a une bonne raison pour que je ne les sème pas... » et de rire tous les deux ; puis comme je déposais le louis sur sa table, il m'expliqua une démarche à lui faire... une voiture à prendre... c'était une de ses façons de donner et pas des pires... Toutefois, on en trouvait un ou deux dans son sac à mains que la sienne y avait discrètement glissés au départ, en disant adieu.

Il avait ce tact exquis de faire coïncider un don d'argent avec une mission quelconque pour répondre, quand on lui disait merci : « C'est de l'argent gagné ».

Il vous demandait tout naturellement : « De quoi vivez-vous ? Quelles sont vos ressources ? » et l'on s'en réjouissait... C'était l'indice qu'il s'intéressait, qu'il allait étudier la situation pour y remédier...

Il savait, connaissant la nature de chacun, combiner leur intérêt réciproque en unissant la misère de l'un à la richesse de l'autre pour être utile aux deux, — image de l'alliance franco-russe, et d'un sentiment de constitution diplomatique...

En politique, il était républicain avant tout: sa douleur, à la mort de M. Waldeck-Rousseau, en a fait preuve : « C'est une grande perte pour le pays », me disait-il dans sa lettre de regret.

Dans sa jeunesse, M. Osiris avait un ami de plusieurs années plus jeune que lui; il prit l'initiative, lui, israélite, de faire faire la première communion au jeune E... qui était catholique; plus tard, M. Osiris lui apprit son état de financier et le plaça dans une maison où il est resté jusqu'à sa retraite.

Grâce à M. Osiris, M. E... vécut heureux et atteignit une grande aisance... puis le sort l'ayant frappé douloureusement, M. Osiris y remédia.

M. E... qui s'était marié, perdit sa femme et les conséquences de ce décès amenèrent la ruine...

M. Osiris avertit de ce double malheur, répara le désastre en assurant la fin de vie de celui dont il avait si pieusement fait le début et sagement assis le cours de l'existence... et il fit grand bien.

M. Osiris était très curieux des faits et incidents d'actualité : durant l'affaire Syveton, il s'étonnait que je n'aille pas m'installer en face du n° 20 de l'avenue de Neuilly... pour voir une maison plus ou moins fermée, ou les fréquentes apparitions des journalistes venant faire poser le concierge parce qu'il avait une garçonnière où il recevait ces dames; s'il n'avait pas été dans son lit, il y aurait fait de sérieuses stations et je l'aurais accompagné.

Ayant eu des démêlés avec un huissier, un journal dirigée par une femme enregistra mes griefs et leurs conséquences. M. Osiris voulut connaître la femme courageuse qui avait publié les faits scandaleux de l'officier ministériel et ses démarches l'amenè-rent au bureau du journal : *Les Travailleurs réunis* ; lorsque Mme B... lui demanda ce qu'il désirait, il répondit qu'il voulait faire une annonce pour trouver « une place de secrétaire », oubliant qu'il avait aux doigts, une bague en serpent ornée de diamants et un saphir; à sa cravate, une épingle en rubis; à son gilet une chaîne de montre marquante et le reste à l'avenant qui l'avait fait reconnaître.

On lui envoyait le journal chaque fois qu'il y paraissait un fait de nature à l'intéresser; on avait ce jour-là, le double avantage de se rappeler à son souvenir et de tirer un numéro de plus, M. Osiris avait demandé en riant : « A combien tire-t-elle Mme B...? » et il avait parié pour trente-trois exemplaires...

M. Osiris suivait le journal, parce qu'il en avait compris l'habile rédaction et le but utilitaire.

M. Osiris appréciait le savoir-faire, même appliqué à ses dépens; il admirait la manœuvre par laquelle un roublard lui soutirait de l'argent. Quand il en avait un près de lui qui cherchait à lui emprunter une somme quelconque, il le regardait travailler, il le suivait du même œil qu'il aurait vu une araignée tisser sa toile et il finançait, comme il payait sa place au théâtre par l'enthousiasme que lui inspirait l'habileté de son antagoniste, — puis il clignait de l'œil, en disant : « C'est un malin... il me roule ».

C'était l'éloge funèbre de ses fonds à fonds perdus.

En revanche, il plaignait peu ceux qui se laissaient voler; « il est trop bête », disait-il; c'était un classement parce qu'il appréciait qu'on sut défendre son argent... puis il réparait la brèche...

Tout est bien qui finit bien.

M. Osiris eut de nombreux procès qu'il a soutenus comme le premier venu; il en eut de motivés, d'autres qui furent de chantage; il s'est défendu des uns des autres; il avait ce double principe de payer à condition d'y être condamné légalement et de se laisser voler avec connaissance de cause.

Il ne voulait pas être dupe et il ne l'était pas : « Je veux bien donner, je ne veux pas qu'on me prenne ». C'était son axiome, et s'il a défendu son droit en justice civile, il n'a pas poursuivi de vol en police correctionnelle.

Au sujet de La Malmaison, il eut des procès; il les a subis et en a accepté l'issue judiciaire.

Un cocher de fiacre lui avait fait payer une heure de trop, soit deux francs; le lendemain, nous avons passé une après-midi en voiture et dépensé six francs pour aller à la recherche du cocher. M. Osiris n'a porté aucune plainte ; il n'a pas voulu qu'il fut mis à pied, ni qu'on lui fasse aucune retenue; seulement il a exigé ceci : « Je veux qu'on lui dise que je sais qu'il m'a chipé quarante sous ».

M. Stanislas Ferrand cite deux traits de caractère qui le dépeignent dans le détail :

« Personnellement, j'ai bien connu M. Osiris; pendant dix ans, de 1877 à 1887, j'ai été son architecte et l'administrateur de ses immeubles.

« Comme architecte, j'ai bâti pour lui la synagogue de la rue de

Buffault qu'il a donnée à ses coreligionnaires du rite portugais et le petit temple d'Arcachon.

« Que de fois, n'ai-je pas eu à subir les caprices, les fantaisies, les inégalités d'humeur de ce client extraordinaire, mais que de fois aussi, n'ai-je pas goûté avec lui le charme de discussions amicales sur les plus sereines questions d'art et de philosophie !

« Nos relations se sont brisées, d'un seul coup, un jour où il a voulu m'imposer d'introduire dans une brochure dont j'étais l'auteur, des passages étrangers au sujet technique traité.

« Pour des motifs d'ordre particulier, il tenait essentiellement à ce que, sous mon nom, paraissent des appréciations favorables à une thèse qui lui était chère. Je refusai nettement. Alors, il me dit :

« — Vous refusez ?

« — Oui.

« — Vous cesserez d'être mon architecte.

« — Je cesserai d'être votre architecte.

« En cinq minutes, nous avions brisé les liens d'intérêts et d'estime réciproque qui nous avaient unis.

« Comme il avait tort, il ne me garda pas rancune : notre amitié se rescella treize ans plus tard, dans des conditions assez curieuses.

« J'étais alors député. Un jour, le gouvernement voulait donner pour étrennes au groupe puissant des viticulteurs, les taxes de remplacement de l'octroi de Paris ; j'étais inscrit contre le projet.

« A cinq heures du soir — fait extraordinaire — le rapport fut distribué sur les pupitres de la Chambre ; un quart d'heure plus tard, le Président disait :

« — La parole est à M. Stanislas Ferrand.

« Je protestai. Pas un seul député n'avait eu le temps, non seulement de lire le copieux rapport favorable à la taxe frappant les immeubles parisiens, mais même d'en couper les pages.

« Malgré mes protestations, la Chambre, docile à la volonté du ministre, ordonna la discussion immédiate.

« Je m'exécutai, car j'avais pris mes précautions.

« A 7 heures, je parlais encore. La Chambre, surprise de ma résistance, réclama le renvoi de la discussion à la séance du lendemain matin.

« A neuf heures, j'étais à mon poste. La salle était vide, les tribunes vides. Une seule tête au-dessus de mon pupitre.

« Je regarde de ce côté, et je reconnais Osiris !

« Amicalement, il me fit signe. Je m'approchai, et me servant de ma main comme porte-voix, je dis :

« — Tiens, Osiris, que faites-vous là ?

« — Je viens vous entendre, futur ministre.

« Il m'entendit. Il assista même à ma défaite, mais il me félicita et nous redevînmes les meilleurs amis du monde.

« Encore un exemple de la nature de ce singulier caractère.
« Osiris voulait connaître par le menu toutes les dépenses, même
« les plus minimes faites par ses entrepreneurs.

« Avant de me remettre les mémoires, il les lisait d'un bout à
« l'autre. Un jour, ne pouvant comprendre pourquoi, dans un
« mémoire de maçonnerie, certains ouvrages étaient traduits en
« légers et d'autres en argent, il voulut que je lui expliquasse ce
« qu'on entendait par les travaux légers.

« J'eus beaucoup de peine à lui faire comprendre, que, si sur ce
« point, je le rendais aussi savant que moi, il pourrait se passer
« de mes services, mais il ne se contenta pas de l'explication.

« Et bon gré, mal gré, il fallut que, sur place, je lui donnai une
« leçon de choses sur le mystère des travaux traduits en légers et
« ensuite en argent.

« Mais à part les côtés très positifs et souvent étroits de son
« esprit, M. Osiris a été certainement un homme de grand mérite
« qui, par sa tâche accomplie, relève les petitesses de notre huma-
« nité ».

On a taxé d'originalités, bien des choses charmantes de lui, et qui étaient bien bonnes aux autres; peut-être moi-même puis-je passer pour une de ses originalités d'avoir été son secrétaire et si c'est à ma fonction que je dois de l'avoir assisté à ses derniers moments, j'en remercie le sort et lui, parce qu'elle m'a permis de lui dire adieu et de lui fermer les yeux.

Il est à remarquer que toutes les particularités propres à quelqu'un sont mises sur le compte de l'originalité par la masse qui ne les comprend pas ou ne les partage pas.

M. Osiris, bien qu'âgé et riche, était resté à son goût primitif; il était bohême, bohême comme du temps, où jeune et pauvre, il courait le matin après ses chaussures que les rats emportaient la nuit aux quatre coins de sa chambre.

Il se vantait d'avoir déjeuné pour onze sous avec des maçons, d'avoir bien mangé et de s'être intéressé à les entendre causer entr'eux; il avait pris une tranche de leur vie et de vraie vie, et le soir, en habit, au moment de partir à l'Opéra, où il avait son fauteuil d'abonné, il dînait dans sa véranda, d'un bol de lait froid et d'un morceau de pain, dont il secouait les miettes, en disant, à sa cuisinière scandalisée : « Voilà le dîner d'un millionnaire », comme s'il ressentait une certaine fierté de n'avoir pas de besoins dispendieux.

Sa sobriété était proverbiale; il ne fumait pas, il ne buvait pas de vin pur ni d'alcool; on peut fixer à dix le nombre de coupes de champagne, et à moins que cela, celui des petits verres qu'il a pu prendre. Son bon crû de Sauternes, il l'offrait à ses amis au jour de l'an.

Il aimait le pot-au-feu, les haricots rouges au lard, les purées de pommes de terre; il fréquentait les restaurants à la portion, les renommées dans le genre du pied de mouton, des tripes à la mode de Caen ou de la petite marmite; il m'a souvent parlé d'un ragoût de mouton qu'il avait mangé à Puteaux chez le mastroquet du coin du pont de la Seine; il était jeune, il avait seize ans et il était allé à pied jusque là avec son père. L'appétit avait ajouté au succès du ragoût resté légendaire dans son souvenir. Il devait nous y conduire plusieurs amis et moi. C'eût été de la prodigalité, car il invitait volontiers chez Duval... il trouvait qu'on y était bien servi et que c'était bon... c'était du reste une bonne fourchette...

La fête de Neuilly, celles des Boulevards extérieurs, Montmartre et autres, l'intéressaient; il y suivait les progrès d'inventions des camelots, d'année en année...

« Le train onze », comme nous disions, était son mode favori de locomotion... c'était un marcheur.

Il avait supprimé le luxe de sa voiture; il trouvait trop élevé le prix d'une auto; il préférait le tramway, l'omnibus dont il connaissait à fond les services de correspondances et les voies desservies, et le Métro, dont il suivait les travaux avec intérêt; il trouvait que le Métro avait été le clou de l'Exposition de 1900.

Il aimait ce qui était à la portée de tous; ce frôlement de la foule, les cahottements de la bousculade; il s'y laissait porter, riait des saillies des malins de la masse, et se mêlait aux badauds... Il adorait Paris avec sa vie mêlée populeuse et s'y trouvait à sa place : l'habitude et la fréquentation de tous les mondes lui rendaient familiers tous les contacts.

Il y avait au fond de tout cela, son indépendance gardée; son cocher l'attendant était une contrainte, une servitude dont il s'était affranchi déjà très âgé.

Je n'ai jamais su quel grief il avait contre les cochers de fiacre, pour ne leur donner jamais de pourboire; il avait dû subir de l'un d'eux quelque chose de répréhensible dont il gardait rancune à la corporation entière.

Inutile d'ajouter que les cochers qui le conduisaient l'invectivaient, mais leurs sottises s'émoussaient le long d'un mur lisse... M. Osiris les regardait placidement d'un œil froid qui prenait des tons de faïence.

Comment expliquer ce fait, si ce n'est par une antipathie particulière ou rancune motivée, sachant qu'il remboursait un franc par un louis, qu'il n'acceptait jamais de monnaie et qu'il payait quelques jours de travail par cent francs, qu'il constituait des rentes à des amis, qu'il aidait dans les moments difficiles, sans compter les dons connus, ses institutions d'utilité publique, ses œuvres nombreuses et ses aumônes journalières. Et qui sait? ses gestes les plus généreux sont peut-être, les plus ignorés!...

M. Osiris était un timide, plus connu que connaissant du monde, se tenant à l'écart de l'officiel et restant l'homme de l'intimité où l'épanchement est possible.

Il recevait chacun, seul à seul, rarement en réunion collective, à moins que ce fut pour présenter les uns aux autres, pour être utile à quelqu'un...

On ne le sentait pas riche; on pouvait lui parler de ses petites misères, il les connaissait ou les comprenait et l'on y trouvait, en de bonnes paroles, l'écho de ce qu'on disait, souvent d'excellents conseils, et l'apaisement de ce qui affligeait par quelques louis discrètement remis.

Pour ma part, j'oubliais tant qu'il était riche, qu'un jour, en lui exposant la détresse de gens expulsés dont les meubles avaient été vendus par leur propriétaire endurci, je me laissai aller à toute mon indignation contre de tels faits et les propriétaires en général, je les aurais traités,... si je ne l'avais entendu protester doucement; alors l'idée me surgit tout à coup...

Oh! mais vous êtes propriétaire, m'écriai-je, en lui demandant pardon, à lui, qui avait réparé le désastre, pendant qu'il riait avec toute la douceur de ses bons yeux...

Comme ce fut bien!

M. Osiris avait le respect des humbles; il s'y attachait; je crois qu'il les préférait aux autres; il savait que leur dévouement n'est pas toujours apprécié, ni justement rétribué; il me disait: « Quand « on est des petits de la vie, on donne tous ses efforts, avec tout son « cœur à quelqu'un pour l'aider dans sa lutte, puis arrive un gros « qui donne le dernier coup de cravache tout près du but... C'est « lui qui a tout le mérite et emporte le prix », et il avait raison.

Il affectionnait les timides, ceux dont le savoir n'est couronné d'aucun succès de gloire ou d'argent, parce qu'il leur manque le savoir-faire, n'ayant eu ni l'audace de se faire valoir, ni les moyens de se produire. A ceux-là qu'il aidait secrètement, il indiquait des filons à suivre, il donnait des conseils, des manières de s'y prendre, toutes choses pratiques qu'il n'eût pas employées pour lui-même, si la nécessité l'avait talonné, parce qu'il était arrêté par ce qui gênait les autres, la timidité et le doute de soi.

Pour l'engagement d'un domestique, il y eut autant de lettres échangées que s'il se fut agi de traiter une affaire de plusieurs centaines de mille francs, afin que les choses fussent en règle pour la sécurité du domestique, dans le cas où celui-ci ne se plaisant chez lui, voudrait retourner à son ancienne place. Quand on lui envoya les photographies de ses pavillons à la Salpêtrière, quelqu'un lui proposa un encadreur; il demanda : « Est-ce qu'il est en chambre ? »

Ceux-là s'en souviennent! Sa tombe est le reposoir des petits bouquets de violettes à deux sous et ce contraste persistant est l'image de celui qu'il offrait : la magnificence fortunée unie à la simplicité de cœur.

S'il songeait à l'être et au bien-être en cette vie, il avait le souci du sort de l'âme après... ; il a fait ériger un temple israélite rue de Buffault et un autre à Arcachon ; à ce sujet, on l'a plaisanté parce qu'à l'inauguration, les chaises n'ayant pas été livrées, le public dût se tenir debout.

Deux autres temples, israélites l'un à Saint-Mandé, l'autre à Tours, ébauchés par M. Osiris, ont été terminés sur les fonds de la succession ; ils ont été inaugurés récemment et il y avait des chaises.

La chapelle catholique du château de La Malmaison était entretenue de fleurs par ses soins et, sur sa recommandation... détail touchant, la statue de la Vierge, qu'il a fait exécuter spécialement pour la chapelle, est l'image de sa femme !

M. Osiris ne tenait pas compte de la religion... Quand un israé-

lite signait une lettre d'un nom significatif Jacob, Lévy. Aaron,
une lueur de son œil qui se fixait, indiquait la similitude d'origine et peut-être sa préférence tendantive, mais ce n'était que
dans sa pensée et ne descendait pas dans son cœur. — Il ne donnait
pas à celui-ci parce qu'il était israélite pour refuser à celui-là parce
qu'il était catholique ou protestant; non, un esprit d'égalité dominait l'esprit de parti.

Il recevait et fréquentait indistinctement les gens de tous les
cultes, et du reste, sa femme était catholique alors que lui était
israélite; mais comme il raisonnait pratiquement les questions
d'argent, pour ses intérêts à prendre en Bourse, il employait ses
coréligionnaires pendant que de l'autre côté pour ses sous à
ménager chez lui, il choisissait ses fournisseurs parmi les catho-
liques et la cuisinière, en parlant d'un marchand juif disait :
« Monsieur veut pas que j'y aille, à cause qu'il est trop voleur parce
qu'il est Juif »...

Son temps se partageait entre son lit ; les jours pluvieux ou rigou-
reux, il ne se levait pas ou tard ; l'escrime qu'il a dotée de dons et
de prix, l'Opéra où il allait régulièrement toutes les semaines,
et l'Hôtel des ventes dont il fut l'acheteur assidu... sans oublier la
Foire aux jambons et le marché aux puces qui faisaient sa joie.

L'Hôtel Drouot fut peut-être sa plus grande passion, ayant celle
du collectionneur. Chez lui, les tables étaient couvertes de statues et de bibelots, et quand il n'y avait plus de place dessus, on les
mettait dessous; les tableaux erraient sur les fauteuils et les
canapés, les murs en étant couverts...

Sa chambre, dans le fond du côté de la cheminée, prenait l'allure
du bric à brac; il y entassait tout, albums, gravures, livres,
étoffes, etc., jusqu'au jour où il y en avait trop; alors il en classait
un peu partout, déblayait pour recommencer à entasser de
nouveau.

Ce qu'il a semé d'argent à l'Hôtel doit être incalculable ; il ne
manquait pas d'assister aux ventes d'amis défunts pour y puiser

quelques souvenirs, non sans douleur de voir son affection aboutir là... Il trouvait cela une profanation de leur vie privée, un sacrilège du sentiment dont il redoutait l'issue pour lui-même : « Oh ! me disait-il avec angoisse, faîtes qu'on ne voit pas cela après moi ».

J'ai fait ce que je lui avais promis... On n'a rien vendu après lui ; mon intervention a paru dans l'article intitulé « Vers l'Oubli » publié par le journal *Les Travailleurs réunis* paru le 24 janvier 1910.

Un ami commun, M. P.., étant décédé, j'accompagnai M. Osiris à la vente où il acheta beaucoup de choses ; le lendemain, quand j'arrivai, chez lui, M. Osiris me tendit un écrin fermé... c'était la montre de l'ami perdu, qu'il m'offrait en souvenir. Comme c'était bien !

Je voyais M. Osiris, avant de partir à l'Hôtel prendre à plusieurs reprises dans le tiroir de son bureau, l'or à poignée qu'il mettait à même sa poche et ce n'était que des louis.

Un célèbre docteur a converti en or deux cent mille francs pour s'y plonger les mains et les bras jusqu'aux coudes, comme dans un bain ; c'était un parvenu qui n'avait pas la fortune de M. Osiris, ni le geste aussi simple d'empocher pour dépenser.

L'instinct privé qui l'avait fait millionnaire le rendait perspicace. M. Osiris avait conscience des valeurs morales et intrinsèques : celle des hommes comme celle de la Bourse, et rien qui n'ait été évalué par son jugement ne pénétrait dans son affection ni dans son coffre. C'est ainsi qu'il avait le portrait de celui-ci et de celui-là, le buste de son ancien avoué, le bateau si remarquable de Goubet et que tout chez lui rappelait quelqu'un ou représentait quelque chose...

Ses amis morts ou vivants y figuraient par quelque souvenir, de sorte que, en regardant autour de lui, tout lui reproduisait une pensée vécue...

Ce que d'autres voient en rêve par le désir, il le voyait en nature par la possession, et s'il est vrai que tout bonheur que la main n'atteint pas soit une chimère, il aurait possédé le sien.

Fût-il heureux?

Le bonheur est de deux sortes : celui de la sentimentalité et celui de la mentalité.

Le bonheur sentimental est dans le cœur et tient à la faculté d'aimer et d'être aimé; il nous vient des autres.

Le bonheur mental siège dans le cerveau et tient à la faculté de penser et de faire penser; — il nous vient de nous-même.

L'un est l'amour avec ses joies et ses affres et ses dérivés d'affections comblées ou déçues ; l'autre est l'idée avec le travail qui s'y greffe et ses branches d'art ou de science cherche ou acquise par l'étude... ou encore l'attachement à un devoir... le dévouement à une cause... propre aux idéologues et idéalistes.

Le plus inculte peut éprouver le bonheur sentimental; il faut être instruit, intelligent pour jouir du bonheur mental.

Le bonheur sentimental est hérissé d'aspérités aiguës, heureuses, ou malheureuses, les unes trop vives, pour les autres trop profondes dont on vit, dont on meurt... les peines de cœur ont l'excès des peines de mort, parce que l'amour qui les cause, comme la mort, est surnaturel.

Le bonheur mental est plus vaste, plus répandu, plus uniforme et donne une sérénité permanente. Le bonheur sentimental est celui des privilégiés; il est fatal et l'œuvre du sort... le bonheur mental est à la portée de tous et peut être l'œuvre de chacun ; on est serviteur de son cœur, on lui obéit; on est maître de son cerveau, on le dirige...

Être heureux par des affections réciproques, c'est dû au hasard des rencontres; être heureux par l'amour partagé, c'est l'extraordinaire, c'est l'exception.

M. Osiris avait trouvé le bonheur sentimental dans un mariage d'amour partagé... il l'a perdu en perdant sa femme!

Son sentiment brisé par la mort resta fixé par le souvenir aux attaches du passé détruit... la Famille.

Le bonheur mental est celui des savants, des artistes profession-
nels ou amateurs, celui des croyants de la foi religieuse ou des con-
vaincus d'abnégation... le prêtre à l'autel, la religieuse au chevet
des malades et peut se résumer ainsi : une carrière choisie qui
dérive d'une vocation innée.

Pour la femme qui abdique le bonheur sentimental de l'amour
et de la maternité, pour s'en épargner les déceptions, elle cherche
le bonheur mental par une émancipation dans le « féminisme ».

Il est le refuge des privés ou déçus du bonheur sentimental qui,
restreints à eux-mêmes, ne peuvent ou ne doivent plus compter
que sur eux-mêmes.

C'est la tour d'ivoire propre à chacun isolé, inspiré ou désespéré ; le bonheur de se suffire par le travail, le regret, le devoir
ou le sacrifice...

Le cœur se replie dans le cerveau, l'âme se confine dans la
pensée... ses adeptes ont l'initiative de quelque chose ; ils songent,
cherchent, croient au lieu d'aimer ; ce sont des semeurs d'idées,
des rêveurs d'idéal, des attachés à une cause divine ou sociale qui
concourent à l'œuvre commune par l'abdication de l'œuvre privée.

La société en bénéficie ; elle leur rend en hommage, gloire ou
succès, ce qu'ils trouvent de nouveau, utile ou beau et, s'ils sont
créateurs par un génie spécial, ils finissent par les honneurs, les
croix, la statue quelquefois.

Ils ont tout ce qui se donne, en échange de ce qui ne se donne
pas... l'amour !

M. Osiris, veuf du bonheur sentimental, se refit un bonheur
mental par l'intérêt qu'il prit aux productions intellectuelles de
son temps, par la collaboration imaginative qu'il eût dans les
œuvres d'art qu'il a fait ériger, par son concours financier vis-à-
vis de l'Institut, par sa pitié secourable pour l'effort et dans ce
principe consolateur d'élever ses pensées au-dessus de ses sentiments — principe résumé dans l'appréciation de Jean Dornis sur
Leconte de Lisle plongé dans ses poèmes du boudhisme indien :

« Il satisfait le désir qu'il a de se perdre dans l'étude, d'y noyer
« ses chagrins et ses déceptions... »

Le cerveau en fleurs ranime l'âme fanée.

Pour l'application de ses idées personnelles à l'emploi de sa
fortune, de façon générale, M. Orisis fut fait chevalier, puis
officier de la Légion d'honneur, en attendant, pour ses dons
posthumes, la statue du Merci.

Si son programme de vie qui est le progrès du Bonheur pour
tous répond à cette prophétie de Condorcet : « La science aura
vaincu la mort », il réalisait pour lui-même cette forte pensée de
Renan : « Le bonheur dans la vie, c'est le dévouement à un devoir
ou à un rêve. »

Ce fut le sien par le Bien.

M. Osiris, était accepteur du féminisme; il a soutenu le journal féministe par excellence *La Fronde* et il suivait la marche
du journal *La Française*, auquel il avait promis son concours,
après lui avoir prodigué son encouragement comme à toute affaire
d'un but utilitaire. Il aimait la société féminine et femmes artistes, écrivains, semblent avoir tenu grand'place dans son estime.

Il nous avait réunis un jour chez lui, Séverine, Mme L... et moi,
un jour, qui depuis, a pris date.

Ce jour-là, M. Osiris avait arrêté la résolution de faire donation à
l'État, pour être transporté dans la propriété de La Malmaison, des
objets d'art et meubles personnels garnissant son hôtel à Paris...
avec le désir d'y créer un nouveau Musée qui aurait cette mention :
« Monsieur Osiris chez lui ».

Comme nous lui demandions, s'il irait s'y retirer, puisque son
hôtel serait dégarni, il répondit qu'il l'habiterait tant qu'il vivrait
mais qu'il le meublerait à nouveau, et même qu'il coucherait sur
un lit de sangles...

Ce jour-là encore, il nous dit, qu'il espérait vivre longtemps...
espérance basée sur la conformité de sa nature avec celle de son
grand'père mort à quatre-vingt-dix-neuf ans et huit mois.

C'était la veille du jour où le député Syveton devait passer en cours d'assises pour sa gifle donnée à la Tribune de la Chambre au général André, alors ministre de la guerre... et à cette heure-là, Syveton était mort, mort asphyxié dans son cabinet par des émanations de gaz..., mais Paris l'ignorait.

Séverine était l'amie de la famille André : elle blâma hautement ce que les partisans de Syveton appelaient un geste national et qui fut contre l'habitude de l'effleurement du gant ou le simulacre de la gifle, un coup de poing haineux... la tête du général sous la poussée de la main de Syveton, avait été projetée contre le mur... C'était à son avis, plutôt un coup populeux qu'un geste national... En passant, les ennemis du général André ont fini d'étrange façon : Syveton asphyxié, Guyot de Villeneuve fou...

Séverine avait dîné avec le général André quelque temps avant, et, comme elle se défendait d'accepter l'invitation de crainte de se trouver compromise, le ministre lui aurait dit :

« — Venez donc, je ne suis pas Boulanger. »

M. Osiris répliqua qu'un boulanger était sans danger sinon sans pétrin, puisqu'il blanchissait ce qui l'approchait ; mot rappelant celui de Mᵉ Lachaud, défenseur des assassins en cours d'assises dont on disait « qu'il les passait à la chaux. »

Séverine, poursuivant son récit, raconta que le ministre de la guerre était seul, sa femme étant auprès de leur fils malade, mais que son chien était là, et, pendant le dîner, qui n'était pas fameux, le chien levait la patte le long des meubles et paravent du ministère ; ce que voyant, le général dit :

« — Comme il sait bien qu'on n'est pas chez nous, ici ».

Séverine fut très gaie, épointillée, fine, bien parlante, tout intime et bon garçon.

M. Osiris riait de bon cœur de ses saillies. Séverine plaisantait son ami Daniel sur sa curiosité éveillée de vouloir, sans le demander, entendre juger Syveton, le lendemain, en cours d'assises...

Elle en cherchait le moyen, par d'autres, n'ayant pour elle,

qu'une carte de presse personnelle, et de fil en aiguille, s'arrêtait
à un avocat ami commun, le défenseur de Syveton, M° Henri
Robert.

Séverine alla au téléphone s'en arranger... pendant ce temps,
très intéressées et amusées, Mme L... et moi, nous regardions les
objets décorant l'intimité de M. Osiris : tableaux, dessins de
maîtres, tant originaux que reproductions, bibelots, rangés dans
un savant désordre, coupe-papier d'écaille et d'ivoire, ouvre-lettres,
niellés, canifs ciselés, souvenirs historiques de l'Empire I⁰ʳ bou-
bonnières peintes, boîtes fouillées à même le métal, miniatures
posées çà et là... une sonnette grosse comme une cloche avec des
personnages en relief, assortie à un coffret indentique. Sur le
bureau, des portraits sous verre, celui d'une femme âgée : sa mère..
sur un chevalet, celui signé d'un nom connu M. B..., puis les
objets de l'idole, Napoléon I⁰ʳ.

Bronze, ivoire, nacre, écaille, argent, marbre, or, tout est illus-
tré d'art... partout se voit la griffe d'un artiste et se lit le nom d'un
maître... et sur le coin du bureau comme l'aigrette de cette fortune monnayée... des fleurs.

Est-ce que cet amateur n'est pas complet dans son goût du beau,
dans son amour du bien? Puis, comme antithèse au portrait de
Marie-Antoinette en deuil, sur la cheminée, une femme nue en
marbre blanc, celle qui les résume moralement en face de celle
qui les représente plastiquement. Epanoui, l'air heureux d'être
entouré de nous, de se sentir frôlé de nos jupes, cet homme simple
naturel et bon enfant, avec un enjoûment aimable, nous laisse voir
qu'il est de la vieille école de l'homme qui aime la femme... lorsqu'on apporte une carte... celle d'un médecin qui a guéri l'enflure
de M. X... M. Osiris la passe à Séverine qui, faisant le geste de
l'Immaculée Conception, écarte sa robe et s'en défend : « Mais
mon ami, je n'ai rien d'enflé. »

Et pendant que sur les richesses d'alentour, Séverine dépensait
sans compter, les perles de son esprit, prise d'une éloquence

6

silencieuse, j'entassais, comme font les enfants du sable, pensées sur sentiments en un tas de souvenirs dont j'extrais celui-ci :

TROIS FEMMES, LA BEAUTÉ, L'ART, LE DÉVOUEMENT.
LES DERNIERS MOMENTS D'UN MILLIONNAIRE.

La belle Hermo, qui fut une amie de jeunesse de M. Osiris, était une femme d'une grande beauté, dont le charme exerçait un certain empire sur le père X... dominicain et ne la laissait pas indifférente à M. Osiris..., ce qui accrédite le proverbe « les extrêmes se touchent ».

Lorsqu'elle tomba malade, le dominicain la fit transporter dans un couvent pour y être soignée. M. Osiris, prévenu, en dessous main, suivit la voiture qui l'emmenait pour en connaître l'adresse... C'est tout ce qu'il pouvait obtenir, l'entrée lui étant doublement interdite par son sexe et sa religion. Il tourna la difficulté.

M. Osiris, fort jeune à l'époque, avait un ami de quelques années plus jeune que lui, M. E..., encore au lycée, et que son uniforme pouvait laisser passer sans éveiller de soupçons. Il fut convenu entre eux que le jeune potache apporterait les messages de M. Osiris à la dame recluse et surveillée, c'est-à-dire les lettres d'amour et le tabac à fumer (la délicieuse créature fumait, elle était espagnole) le jeudi, jour de sortie du lycéen, dans un panier de fruits... des pêches qui couvriraient le reste.

Tout se passa ainsi et le mieux du monde, lorsqu'il advint une fois que le jeune E... fut en retard : la porte de communication des malades avec les visiteurs était fermée et le porteur du panier n'avait que la ressource de faire passer son colis par le guichet.

Il s'y refusa, connaissant trop le dessous des pêches qu'il voulait remettre en mains propres; d'accord, avec la femme de chambre de la belle Espagnole, il fut décidé qu'il passerait lui-même par le guichet.

Enlever sa tunique, son gilet qui faisaient épaisseur fut l'affaire d'un instant, et il s'engagea dans l'orifice, la tête la première; la femme de chambre le tirait par les épaules si bien qu'il réussit à franchir le trop étroit passage. Introduit près de la chère malade qui était alitée, il déballa les pêches permises pour lui remettre les fruits défendus : la lettre et le tabac.

La belle Hermo, tout heureuse, lut sa lettre et en hâte se mit à fumer... tout allait bien, lorsque la femme de chambre fit irruption en criant : « Voilà la supérieure ».

C'était une femme rigide qui n'admettait pas une infraction au règlement, quelle qu'elle soit, encore moins celle-ci ; elle venait de temps en temps visiter la malade et surtout exercer une surveillance qui devait être d'autant plus serrée qu'elle était de commande et de la part d'un dignitaire de l'Église.

Comment dissimuler la présence du pauvre garçon qui n'avait pas le temps de repasser son guichet ?

La soubrette avisée eut l'inspiration prompte.... elle poussa vivement le jeune E... entre les deux matelas de la malade....

Il était temps... la supérieure entrait...

Elle n'avait pas franchi le seuil de la porte qu'elle aspirait l'odeur de la fumée et suspectant toute autre chose, elle accusa la belle Hermo d'avoir reçu et caché un homme, et dit qu'elle allait faire procéder à une perquisition par les jardiniers du couvent, deux gaillards de taille et de force à effondrer le malheureux gamin qui étouffait de peur et de malaise entre ses matelas.

Aussitôt le départ de la supérieure, le captif qui avait tout entendu et qui redoutait la raclée, sortit de son refuge et s'enfuit tout courant au guichet libérateur.

Il était entré avec le secours de la femme de chambre qui le tirait à elle, mais pour sortir en sens inverse, elle ne suffisait pas à le pousser ; et il se voyait là, resté, ne pouvant ni avancer ni reculer, engagé dans le cintre, à plat ventre, sur la planche du guichet, et bien en posture pour recevoir la correction redoutée, pendant que les pas lourds des jardiniers qui montaient le stimulaient, si bien que, par un effort désespéré, il réussit à se jeter de l'autre côté tombant n'importe comment, son pantalon déchiré, ce qui ne l'empêcha pas de dégringoler l'étage, actionné par le bruit des pas de ses bourreaux qui approchaient.

Enfin il gagna la porte sans plus d'encombre, libre enfin.

Le jeudi suivant, il revint, apportant le fameux petit panier de pêches, le sourire aux lèvres.

M. Osiris qui l'accompagnait l'attendait en voiture ; le lycéen revint très déconfit... on lui avait refusé net l'accès de la maison et son panier de pêches.

Ils cherchaient tous les deux quel parti prendre, lorsque les portes de l'établissement s'ouvrirent pour livrer passage à une bière... Ils comprirent que tout était fini !

Ils suivirent la voiture qui conduisait à sa dernière demeure, la belle créature que personne n'accompagnait, pas même le dominicain qui s'en était désintéressé.

Alors, M. Osiris intervint ; il acheta une concession de cinq ans pour se donner le temps de construire un caveau où cette fleur fauchée si tôt reposera à perpétuité.

Après bien des années, le petit messager devint l'intime ami de M. Osiris, et cinquante ans d'une véritable affection prouvent que le souvenir de la pauvre morte avait uni leurs cœurs.

Mlle Scriwanck, notre grande artiste, se trouve avoir dans un autre genre, une preuve sympathique de M. Osiris qui était admirateur de son talent.

Scriwanck était, dans sa jeunesse, fort assidue à l'Hôtel des Ventes ; il advint qu'un jour, elle poussait aux enchères, deux petits amours en Saxe qui lui faisaient envie, lorsque les petits amours montèrent haut de prix, si haut que l'artiste les abandonna à leur sort et renonça à son désir... non sans regret, regret qui se peignit sur sa physionomie si fine et expressive.

Quelques jours après, Mlle Scriwanck recevait chez elle, une jolie boîte qui renfermait les deux petits amours en Saxe de l'Hôtel des Ventes avec une lettre de M. Osiris.

M. Osiris avait suivi avec intérêt l'aventure des enchères mises et abandonnées sur les petits amours par l'artiste et il les avait achetés pour les lui offrir.

Mlle Scriwanck, l'étoile du théâtre des Variétés, ne connaissait pas M. Osiris, mais lui, connaissait l'artiste pour l'avoir applaudie dans ses rôles et créations, — elle était alors dans toute sa splendeur de femme et d'artiste.

En recevant l'envoi de M. Osiris, sa stupéfaction fut grande ; elle lui écrivit qu'elle était très sensible à cette délicate attention et le remercia... ce fut tout.

Quelques années plus tard, Mlle Scriwanck devint la voisine de M. Osiris ; elle eut un cours de déclamation rue des Martyrs, proche de l'hôtel du millionnaire rue Labruyère. La réserve de Mlle Scriwanck en face des amabilités de M. Osiris s'explique ; l'artiste n'était pas une femme d'argent... l'auréole dorée n'avait pas attiré son auréole de gloire.

M. Osiris fit une grave maladie, durant laquelle l'artiste s'inquiéta et lui donna des preuves de grande sollicitude ; M. Osiris fut sensible à cette soucieuse attention dont il garda le souvenir... lorsqu'un jour, dans un salon Mlle Scriwanck rencontre M. Osiris ; tout en causant, elle émit le vœu d'être enterrée au cimetière, Montmartre, parce qu'elle en avait toujours habité le quartier. Deux mois après, elle recevait de M. Osiris la lettre suivante :

9, rue Labruyère Paris, 2 octobre 1900.

Chère Mademoiselle, et chère grande artiste.

« J'ai le plaisir de vous dire que je n'ai pas oublié le désir que vous avez, d'être assurée de dormir paisiblement votre dernier sommeil au cimetière Montmartre ; j'ai obtenu d'un de mes amis, l'autorisation d'avoir, pour vous, une place dans sa sépulture.

« J'ai préparé une rédaction qui vous conviendra, je pense, et que je vous ferai parvenir ; je souhaite et j'espère que vous en userez le plus tard possible.

« Croyez, chère et grande artiste à mes sentiments bien dévoués.

OSIRIS ».

De nouveau, touchée au cœur, et toujours sans esprit de calcul Mlle Scriwanck remercia en termes émus M. Osiris de sa bonne pensée.

Monsieur.

« Il ne me restera pas assez de jours à vivre pour prier Dieu de vous accorder la santé ! il n'y aura qu'un moyen d'y suppléer, celui de doubler mes prières !

« Un jour, les quelques amis qui m'accompagneront, à ma dernière demeure, que je tiendrai de votre générosité et de votre extrême bonté, deviendront vos admirateurs, car ce que vous faites pour moi, est *très-beau* et aucune arrière-pensée ne peut ternir cette belle action.

« Merci, merci du plus profond de mon cœur.

                                        SCRIWANCK ».

Quelques jours après, M. Osiris écrivait de nouveau :

        Chère et grande artiste,

« Voici le papier que nous vous avons promis...

« Je suis heureux de vous occasionner la joie que vous allez éprouver en le lisant.

« J'espère et nous espérons tous, que vous n'allez pas dormir sitôt votre dernier sommeil.

« Ne négligez donc rien pour rester au milieu de notre pays le plus longtemps possible.

« C'est la seule manière de ne pas vous faire oublier et ce sera la meilleure pour dire merci à vos admirateurs.

                                        OSIRIS ».
                                    9 novembre 1900.

Des difficultés s'étant soulevées, M. Osiris s'y employa, fit des démarches pour les aplanir et rassura l'artiste à ce sujet par une nouvelle lettre.

Chère Mademoiselle,

« Je vous fais parvenir la réponse et le papier timbré que j'ai demandés. Remplissez les dates et voyez à ce que tout soit complet pour que votre tête repose tranquille et heureuse.

« Je crois avoir obtenu ce que vous demandiez. Voilà qui vous met à l'abri des soucis de l'avenir,

« Mes compliments les meilleurs.

Osiris ».
11 janvier 1901.

Après de nouvelles complication aplanies, M. Osiris l'écrivit encore.

Chère et grande artiste,

« J'espère que ce sera la dernière fois qu'on vous fera des difficultés pour la place que je suis heureux de vous offrir au cimetière Montmartre ainsi que vous le souhaitez depuis si longtemps.

« Recevez, chère Mademoiselle, l'assurance de mes compliments les meilleurs.

Osiris ».
23 janvier 1901.

En remontant vers ces souvenirs, quelque temps après le décès de M. Osiris, Mlle Scriwanck fit cette réflexion : « Certainement que les inquiétudes cessent sous la lourde pierre, cet écrasement pour tous, mais jusque-là ?... Ce cher bienfaiteur connaissait mes faibles ressources et ma continuelle préoccupation de *joindre les deux bouts*; en attendant ma dernière demeure une petite rente, viagère donnait plus de vérité à sa phrase : *Voilà qui vous met à l'abri des soucis de l'avenir* ».

Scriwanck n'est plus — hélas ! Elle a pris possession de sa tombe offerte par M. Osiris. Nous l'avons conduite à cette dernière demeure ; un ami, M. Christian, a laissé tomber sur son cercueil, mêlés aux fleurs et aux larmes, quelques mots qui achèvent de la peindre dans sa plus belle forme, la Bonté !

Il me semble que là encore il y a du bien qu'elle résumait en cette boutade d'artiste :

« Ce brave Osiris qui songe à me donner une tombe et qui oublie que j'ai un loyer à payer. »

A l'égard de Mlle Scriwanck, M. Osiris semble appliquer cette cette pensée d'un auteur :

« La vie est une hôtellerie, c'est le cercueil qui est la maison. »

La réflexion de Mlle Scrivanck m'en fit faire beaucoup d'autres.

Un jour qu'il était triste et déjà bien affaibli, M. Osiris me demanda de rédiger avec lui, certaines dispositions qui devaient être les dernières; ses yeux me fixaient avec une telle expression de douloureuse anxiété que je sentis la valeur de ma réponse. Mon acquiescement était un arrêt de mort sur le doute de son état...

Je m'y refusai doucement, ajournant à son rétablissement ce travail pénible pour un cerveau las d'insomnies, et M. Osiris insistant :

« — Vous croyez que cela peut se remettre à plus tard ?...

« — Oui, Monsieur !

« — Vous pensez qu'il n'y a pas péril en la demeure?

« — Non Monsieur ?

Et je l'ai rassuré sur sa santé.

« — Qu'il soit fait, comme vous le voulez, a-t-il conclu, en écar-
« tant les feuilles blanches mêlées au courrier... et les volontés
« furent ajournées ».

J'ai voulu mettre son illusion de vivre au-dessus de tout. Quand il m'avait assuré la vie, ce n'était pas à moi de lui faire douter de la sienne. J'ai cru remplir un devoir vis-à-vis de lui,...

Ai-je commis une faute vis-à-vis de beaucoup d'autres oubliés sur le testament inachevé!...

Que ceux-là me pardonnent en faveur du sentiment qui m'a guidée; je n'ai qu'un regret, celui de n'être pas seule victime et qu'ils fassent grâce à lui qui a beaucoup souffert dans l'impossible de la maladie, devant l'irréparable de la mort!...

Quelques jours plus tard, dans le courrier que lui-même avait reçu avant mon arrivée, il se trouva un petit coupon, grand comme le talon d'un chèque, mais pointillé du côté opposé et qui semble détaché d'un autre qui en serait le complément.

Il porte écrit de la main de M. Osiris le total d'une somme d'argent avec sa griffe (Osiris D. J.) et la mention : « compte-courant d'avances, plus une date ». J'énumérais les pièces du courrier une à une ; je les lisais, nous en causions et je les classais avec la suite à leur donner.

Quand je lui présentai ce petit coupon que je crus être pour le comptable, M. Osiris se récria, contrarié de mon idée, affolé de mon intention : « Mais non, mais non, pour vous, gardez tout » — puis comme pour se rassurer lui-même et conclure vivement, il ajouta : « Emportez tout chez vous ».

Pour le calmer, je répondis : « C'est dit Monsieur Osiris, j'emporte tout chez moi » et — j'achevai seule le dépouillement du reste.

Quand il m'a voulu près de lui, il m'a envoyée chercher et m'a demandé mon concours journalier de façon si courtoise, si affable, si modeste, qu'en riant, j'ai traduit : « C'est moi qui vais vous rendre service » et qu'en riant, il m'a répondu : « C'est exact ».

Mes relations avec lui, depuis nombre d'années, étaient d'une amitié confiante de ma part, empreintes de la sienne d'une certaine camaraderie qui s'est maintenue entre nous, par les soins attentifs que je pouvais lui donner et la gratitude que je pouvais lui manifester.

Longtemps avant, il m'avait chargée de ses procès, en me disant : « Faites pour moi ce que vous faites pour vous » et comme je lui objectais que je ne réussissais guère, il m'avait répondu : « Vous ne sombrez pas, c'est un succès dont je me contenterai », et il s'en contentait assez pour se fier à moi.

Il avait confiance dans mes initiatives, il les suivait; ensemble, nous étudions les rapports d'experts, les incidents d'audience et les faits d'études, nous concertant pour la marche à suivre.

Il m'écrivait de son domaine « La Tour Blanche » où il allait en séjour :

Chère demoiselle,

« Il faut que je cherche encore à vous être utile; vous le méritez sous toutes les formes; mon affaire est actuellement devant une chambre, je ne sais plus laquelle, informez-vous... Faites ce que vous m'avez dit, c'est tout naturel. Voyez vous-même et tenez-moi au courant....

« Soyez discrète et surveillez.

« Toutes mes respectueuses pensées.

OSIRIS ».

Chère Mademoiselle,

« Le rapport que vous cherchez n'est pas encore déposé; dans ces conditions, il me semble impossible que l'affaire puisse venir... je suis dans mon lit, il m'est difficile de vous écrire.

« Mes remercîments sincères.

OSIRIS ».

La Tour Blanche, domaine de Sauternes (Gironde).

Ses affaires le préoccupaient d'autant que je lui en donnais des nouvelles.

Chère demoiselle,

« Comment se fait-il que les adversaires aient envoyé leur demande sans se préoccuper du rapport de M. X... et que le tribunal ait remis à 4 semaines? Je voudrais connaître la composition de la Commission. Ma santé reste la même; je perds mes forces, je maigris. J'espère rentrer bientôt.

« Mes respectueux souvenirs à Mme L... et à vous très cordialement.

OSIRIS ».

La Tour Blanche, domaine de Sauternes (Gironde).

A Mademoiselle G,..

Chère demoiselle,

« Je suis dans mon lit où l'on m'apporte votre lettre et vos dires sur ce qui s'est passé à l'audience. Il m'est difficile de vous écrire là-dessus...

« Aidez-moi de votre intelligence et *ne vous faites pas connaître surtout!*

« Je pense à mon retour, Qu'il me tarde de vous revoir les uns et les autres ; mes remercîments sincères et à bientôt.

OSIRIS ».

La Tour Blanche, Sauternes (Gironde).

Puis, de façon plus intime, il me parlait d'amis communs dans la peine.

Chère demoiselle,

« Je me félicite de vous voir à côté de la famille X... vous lui donnez de très bon aloi vos avis, vous ne regardez pas à vos démarches, espérant qu'elle peut sortir de l'embarras où elle est.... Merci !

« Vous me rappelez que M. P... dont vous regrettez la perte, est décédé le 22 novembre ; je vous remercie vivement de me l'avoir écrit, car c'était sûrement un très honnête homme et un intègre conseiller. Voilà pourquoi je suis très sensible au souvenir de cet homme *de bien*. Lorsque j'ai un anniversaire qui me tient au cœur, je prie mon mort, parent ou ami, et c'est un sentiment pour moi seul !

« Ma santé, dont vous prenez des nouvelles, est toujours bien précaire ; il y a quinze jours que je regarde le mauvais temps par une de mes fenêtres, sans force, sans appétit.

« Je suis à la Tour, moins bien qu'à Paris...

« J'attends que le bon Dieu m'envoie la santé pour retourner vers mon cher Paris que j'aime tant !....

« Je me réjouis que vous aidiez X.... dans ses désirs, et à son profit dont vous vous occupez avec un si grand dévoûment.

« Recevez chère Mademoiselle, l'assurance de mes meilleurs sentiments.

OSIRIS ».

La Tour Blanche (Gironde).

Il y eut un incompris entre nous, dans le cours de notre correspondance. M. Osiris s'est chargé de rétablir l'harmonie.

> Chère demoiselle,
>
> « Vous m'avez écrit selon votre habitude, très longuement; moi
> qui suis peu à mon aise, ne pouvant rien manger, dormant avec
> un chloral, je ne puis vous suivre, ni répondre que par un seul
> mot à votre lettre.
>
> « Je ne pense en rien à ce qui vous tourmente et suis complète-
> ment opposé à tout ce que vous craignez. Vous vous êtes trompée.
> Je me suis trompé, n'en parlons plus, je vous en prie.
>
> « Il m'est impossible, malgré ma bonne volonté, de discuter cela
> avec vous!
>
> « Il reste mon affaire pour laquelle vous voulez bien me prêter
> votre concours; je vous en remercie et j'attends votre nouvelle
> indication...
>
> « C'est tout ce que je puis vous écrire; mon mal me reprend.
>
> « Recevez, chère demoiselle, l'assurance de mon meilleur sen-
> timent.
>
> OSIRIS ».

> Chère demoiselle,
>
> « Je fais mes préparatifs de départ; dans quelques jours, j'espère
> que Dieu voudra que j'occupe mon domicile, car je suis très
> mal à mon aise ici...
>
> « Mme X... m'écrit un mot dans lequel, elle vous traite de la
> meilleure des amies... en cela, je suis très convaincu qu'elle
> juge bien...
>
> « Mille amitiés à elle ainsi qu'à R... et un gros baiser au cher
> enfant.
>
> « Très cordialement à vous.
>
> OSIRIS ».
>
> La Tour Blanche, domaine de Sauternes (Gironde).

M. Osiris m'avait dit : « Je veux vous initier à toutes mes affaires,
que vous sachiez tout ce que je fais et que nous rédigions ensemble
certaines dispositions... je vous demande votre discrétion et de ne
vous laisser interroger par personne. »

M. Osiris voulait passer son dernier été à Saint-Germain où je devais aller tous les jours travailler avec lui à son testament... S'il l'avait fait, que de misères éteintes qui ne le sont pas, la mienne entr'autres!...

Le testament de M. Osiris a fait l'objet de graves récriminations; on l'a blâmé d'avoir tant donné à l'Assistance publique, et si peu ou rien à de vrais amis, besoigneux de petites rentes, ou affectionnés désireux de souvenirs. On s'était tellement habitué à cette idée que la fortune de M. Osiris ferait le bien de tous que chacun s'est cru un titre à une part et que tout le monde se plaint de se trouver exclus.

Le testament de M. Osiris est un testament inachevé mais quand même d'un intérêt général, sinon d'intérêts privés. Ceux qu'il à mûris et travaillés durant de si longues années ont été détruits, alors que celui en cours est resté à la page où la plume lui est tombée des mains — sa main mourante avant lui, n'a pu les transcrire, et ses pensées sont restées dans son âme... Dieu n'a pas permis plus!

Le résultat prouvera que M. Osiris a bien fait ce qu'il a fait pour le bien.

Dès que j'arrivais le matin, chez M. Osiris, nous causions ensemble de mes affaires personnelles, il le voulait ainsi; de nos amis communs, il m'avait donné des siens qui me font une famille, puis de lui, du courrier et des choses en cours.

Dans toutes les solutions d'affaires, il faisait ma part après m'avoir donné le conseil pour y participer, tout cela d'une parole douce autant que d'une pensée mûrie.

J'ai eu de bons amis, mais je n'en ai jamais eu qui m'ait témoigné un pareil souci de mes intérêts.

J'eus un cadeau à faire; il me fit choisir quelque chose chez lui que j'ai offert : « Comme cela, m'a-t-il dit, vous ne dépenserez pas vos sous ».

Ayant l'habitude d'écrire, à cet effet, j'ai toujours un crayon sur moi; un jour que je prenais une note devant lui, il me fit observer que mon crayon était bien vilain, et il l'échangea contre un porte-mine en or.

La lecture du courrier était pour moi, une source de chagrin; l'exposé de tant de maux en faisait un recueil des misères de la vie, et il y en avait de traduites dans un style si poignant que je n'y résistais pas... je pleurais...

Alors M. Osiris me disait : « La misère est inhérente à la vie », et pour réponses, il me chargeait de mandats à envoyer. Je réfléchissais au sort de ces demandes qui était différemment tranché : il suffisait que M. Osiris fut accablé par la maladie ou absorbé par les médicaments pour que le résultat du courrier fut nul; tandis qu'en santé, sur le dire de M. Osiris, j'envoyais des mandats et je gardais les affaires à l'étude... de là, l'effet heureux ou malheureux pour les quêteurs et les demandeurs.

M. Osiris voulait, que je me fasse un atelier de peinture à l'hôtel, dans la véranda où donnait mon bureau, afin d'y travailler pour moi quand j'aurais fini pour lui.

C'est une consolation de savoir comment il m'appréciait et de pouvoir garder le souvenir de ses délicats procédés avec la croyance à ses intentions d'avenir... Ah non! certes, il ne m'a pas prise, auprès de lui, pour m'abandonner après lui !

La sécurité de vivre me faisait l'existence sans souci, semée d'émotions attendries qui émaillent les jours, telles les pâquerettes d'une pelouse, dont je garde la mémoire comme une fleur séchée dans les feuillets de ce livre discret qui s'appelle le regret...

L'Amour fait faillite souvent, la reconnaissance est payée d'avance... j'étais heureuse !

Comme c'était bien !

M. Osiris aimait la vie, mais sa vie fortunée a eu son côté sombre : le doute était le revers de sa médaille dorée. M. Osiris avait une méfiance constante sur les intentions qui amenaient à lui, le sentiment ou l'intérêt; son cœur si bien fait pour aimer n'osait se livrer; on ne lui demandait que de l'argent; pouvait-il ouvrir son âme? Alors il s'abstenait de toute manifestation.... il attendait.

M. Osiris, très recherché de tout le monde, n'allait pas au devant des relations, et pour sa tranquillité, s'y dérobait; mais il ne pouvait guère paraître quelque part sans qu'on s'attachât à lui, soit pour l'intérêt qu'on espérait y trouver, soit par la séduction qu'il exerçait: c'était une personnalité de l'argent et un homme aimable.

Dans la rue, il était salué par nombre de gens qu'il ne connaissait pas; à l'Hôtel des Ventes, il se dissimulait pour n'être pas reconnu, parce que, disait-il, « on lui faisait payer quatre fois ce que valaient neuves, les vieilleries qu'il poussait »; c'était lui disputer le plaisir du collectionneur qui convoite l'objet autant que son bon marché; aussi partout où l'on allait avec lui, il avertissait: « Ne prononcez pas mon nom, ce serait la note à payer ». S'il entrait demander un renseignement au bureau d'un journal, le lendemain et les jours suivants, il recevait le journal, puis la quittance de l'abonnement. Autres faits: il fut indisposé; ses médecins habituels étaient absents; celui qui fut appelé lui faisait trois visites par jour « pour disait-il, le regarder dormir ».

En voyage, un spécialiste lui fit une opération au récit de laquelle je n'ai compris qu'une chose, le prix énorme qu'il avait payé; c'était aux oreilles: en riant, je lui disais: « Je ne sais pas si l'on vous a ôté quelque chose aux oreilles, mais je vois ce qu'on vous a retiré de la poche.... »

Il souffrit d'un cor au pied; comme remède, on offrit de lui couper le doigt de pied.

Ce n'était pas sans danger d'être « Monsieur Osiris »; c'était un sujet duquel on pouvait croire que noblesse oblige; très prudent fut-il, il n'échappait guère à « la note à payer ».

Il avait découvert qu'une personne de ses relations venait près de lui par âpreté d'argent; il lui donna une leçon un peu dure, il est vrai, qu'on peut appeler plastique.

Il était un jour occupé à compter des billets de banque de mille francs; il les réunissait par dix pour les épingler ensemble, puis il plaçait les liasses en piles... et il y en avait de quoi faire plusieurs fortunes, puisque les revenus d'un trimestre se chiffraient par onze cent mille francs et que, ce pouvait être ce compte-là qu'il faisait.... lorsqu'arriva Mme X... en question. M. Osiris lui laissa contempler ce tableau peu banal et assez rare à voir, puis il lui remit une enveloppe cachetée, ce qui accéléra le départ de la visiteuse, curieuse d'en connaître le contenu. Dans la rue, en hâte, elle ouvre l'enveloppe... ô tableau, elle contenait des bons de pain!

Un jour, il feuilletait, avec moi, son livre-comptable, livre porte-feuilles. Je regardais passer les pages et les chiffres, lorsque je lui dis :

« J'ai connu des gens parcimonieux dans leurs comptes, mais « pas au point de remplir, comme vous, une colonne de décimes, « centimes et millimes ».

La dernière colonne qui avait trois chiffres et que je prenais pour celle des décimes, centimes, millimes, remplie si conscien-cieusement était celle des francs et la colonne qui me représentait celle des mille francs était celle des millions....

Je restai interdite en lisant exactement un total de 39.690.280 francs!... je ne le savais pas si riche.

Dans son entourage de millionnaire, on concevait plus d'envie de l'argent qu'il avait que de gratitude pour celui qu'il donnait. M. Osiris n'était affectionné que des âmes simples, des êtres modérés et sages qui limitent leurs besoins à leurs moyens et que l'éclat de l'or n'aveuglait pas. Ceux-là ont pu voir le côté exquis de l'homme accessible, le bon de sa nature fine, délicate et sensible; les autres qui le jalousaient ou l'exploitaient n'ont connu que le millionnaire défensif et endurci.

Il a senti le poids de cette vérité qu'il ne faut pas être trop riche, et rarement il fut content aux occasions de ses dons publics. Dans le bien qu'il faisait, on lui disait si peu merci.

Cependant il fut satisfait le jour de l'inauguration de la statue d'Alfred de Musset placée sous les arcades du **Théâtre Français et** offerte par lui à la Ville de Paris, le 23 février 1906.

Entouré des hauts fonctionnaires de l'Etat :

M. Bienvenu-Martin, ministre de l'Instruction publique et des Beaux-Arts.

M. Dujardin-Beaumetz, sous-secrétaire d'Etat aux **Beaux-Arts.**

M. de Selves, préfet de la Seine.

M. Brousse, président du Conseil municipal.

M. L. Bellan, syndic du Conseil municipal.

M. Jules Claretie, administrateur de la Comédie Française.....

Je doutais fort de pouvoir connaître son impression, lorsqu'il me croisa ; m'ayant vue, il revint sur ses pas m'aborder avec sa gentillesse courtoise et coutumière. Il me parla de la satisfaction que lui donnait la fête du jour. La joie d'illustrer l'homme qui avait été son ami et l'œuvre du poète dont il admirait le génie devait se graver en attendrissant souvenir dans sa mémoire.

La cérémonie fut un bon moment à son cœur sensible et remué dans le passé de sa jeunesse.

Comme je lui manifestais ma surprise d'avoir pu échanger avec lui tant d'impressions réciproques dans une circonstance aussi officielle et au milieu de tant de monde, il me répondit :

« Nos pensées ne se sont pas rencontrées car, moi, j'aurais été « très surpris de ne pas vous voir et bien déçu de ne pas vous « serrer la main ».

J'emportais la certitude qu'il avait été heureux pour le poète admiré dont il glorifiait l'art et pour l'ami aimé qu'il fixait dans la vie.

Il aimait immortaliser les autres, lui qui s'en va... vers l'oubli de tant de bien !

M. Osiris s'affaiblissait de plus en plus ; se sachant un rein malade, il avait demandé à être opéré ; il l'avait été six fois avec succès : « Otez le malade, je vivrai avec le bon » avait-il dit, mais aucun chirurgien n'a voulu tenter l'opération. M. Osiris ayant

7

quatre-vingt-un ans; la vie, en se retirant, lui prenait ses forces et toute opération eût été mortelle. Sa lucidité lui resta; sur son lit, couché, sans geste et sans voix, il signa son courrier jusqu'à son dernier jour. Je lui mettais ses lunettes, ma main soutenait la sienne alourdie, la guidant pour former un O ou un Osiris au bas de chaque pièce de correspondance.

C'est ainsi et de là que partaient encore son intérêt aux œuvres et ses aumônes aux êtres malheureux... la dernière œuvre sociale et philanthropique à laquelle il se soit intéressé est celle des magistrats de France, l'Œuvre du travail à Thiais. Il m'envoya à la réunion pour connaître l'exposé de sa situation morale et financière, et la dernière offrande fut de cent francs à une mère pour la mort de son enfant.

La vie de M. Osiris, c'est le succès de l'argent, la fin de M. Osiris, c'est la condamnation de l'argent.

L'argent à gagner d'abord, à garder et à faire fructifier ensuite, lui faisait un cercle d'hommes ad hoc, et l'argent ne forme pas des cœurs d'or, mais des âmes de bronze qui ne s'inclinent devant rien, pas même devant la mort; la mort est un fait comme un autre, rien de plus; celle de M. Osiris avait l'influence d'un baromètre; elle indiquait une hausse ou une baisse d'intérêts et pouvait faire osciller les fluctuations de Bourse en leur faveur ou contre... c'est tout.

Jusqu'à son dernier matin, on est venu à son lit lui donner le cours de la rente et prendre ses ordres du tantôt; les soins à donner, le culte du cœur, la douleur du moment s'écartaient pour faire place à la finance... jusqu'à la dernière heure, un représentant de l'argent y a joué son rôle... la comédie de tous les jours, le drame de la fin.

Un fait inouï, monstrueux, inoubliable s'est passé à son chevet qui en a couronné l'œuvre! M. Osiris avait son téléphone placé à la tête de son lit; le fil relativement court obligeait celui qui parlait dans l'appareil à se pencher très près du lit... M. Osiris y reposait, la tête inclinée du côté du téléphone... un homme d'argent, un enrichi à son contact, est venu constater le fait de l'agonie qui pouvait influencer ses opérations de Bourse ou de Banque, et, brutalement, tout contre l'oreille de M. Osiris, a téléphoné ce qui suit :

« M. Osiris est en train de mourir; c'est l'affaire de quelques heures!...»

Il était neuf heures et M. Osiris mourait à une heure et demie.

Si le privilège d'avoir été riche cinquante ou soixante ans durant, est une faute de lèse-humanité et si l'excessive fortune crée une dette envers la société, la faute est expiée... la dette est payée.... et après?... Après! Qu'importe la tombe fermée, la succession est ouverte!...

C'était le lundi 4 février 1907!

. . . .

Après une nuit de fièvre, durant laquelle il ne cessa de manifester sa crainte de la solitude, quand il serait là-bas... là-bas... c'était sa tombe qu'il entrevoyait, demandant qu'on vînt l'y voir...

M. Osiris était entré en agonie avec l'aube du jour qui fut le dernier... il était seul!...

A genoux, je priais à ses côtés, lorsque son souffle cessa pour reprendre, diminué de son et comme apaisé de force... la fin était proche...

Je pris sa tête entre mes mains, ses yeux me fixaient... des larmes en coulaient... ses lèvres s'agitèrent un peu... un grand soupir en sortit... puis, plus rien... le silence de la mort!

C'était fini!

Ses larmes, je les ai recueillies! Que ceux qui l'ont connu, regretté et pleuré le sachent : une main pieuse lui a fermé les yeux, une voix amie lui a dit adieu et un cœur reconnaissant lui a dit merci!

. . . .

Par la mort, son âme est allée rejoindre celle, tant aimée de sa femme, pendant que, par les obsèques, leurs deux êtres furent réunis dans la même tombe selon leur commun désir et dernier vœu !

Telle fut la fin de cet homme de bien.

Pour juger M. Osiris riche et son geste donateur, il faut étudier les bases de son être physique et moral; sa mentalité et sa sentimentalité. Une sanguinité de race est la source de cette mentalité réaliste, idéaliste, que Michelet traduit par « le pied dans les mathématiques et la tête dans la voie lactée ». Une doctrine de secte a établi sa sentimentalité. Si la vie a démontré la valeur de sa mentalité réalisant sa fortune, la mort, en publiant le but qu'il lui donnait, a dévoilé sa sentimentalité reposant sur une base qui en est le sommet.... l'Amour !

M. Osiris a aimé sa femme, et ce vase brisé lui laissa dans l'âme des fragments d'amour sans objet qu'il a répartis sur l'humanité.

« A travers ce qui se déchire en nous, on entrevoit Dieu », a dit Victor-Hugo.

A travers sa douleur, M. Osiris entrevit l'universelle douleur de la mort, et son rêve fut d'y remédier. Quand l'amour a traversé une âme, il lui laisse un rayon de sa flamme, et ce rayon c'est la pitié. Amour et pitié mettent au cœur la Bonté, c'est un total qui lui convenait... la Bonté, signe de longévité pouvait en éclairer le vœu.

Tous ses millions donnés aux médecins qui ont l'augure de la pitié pour enrayer la maladie, cette nuit fatale du genre humain et la science approfondie pour éclairer l'infini, l'infini qui existe dans la mort, le transmettre dans la vie, c'est l'optique de l'Amour, ce fut sa dernière balance.

« L'ombre d'une femme vivait en lui, la balance a fléchi sous le « poids de l'Amour ».

« Avec cela, a-t-il dit, ils feront quelque chose de bien ».

Rueil 1910.   Gab.

SORTI DES PRESSES

DE LA Maison FIGUIÈRE ET Cie

LE 29 JUILLET 1911

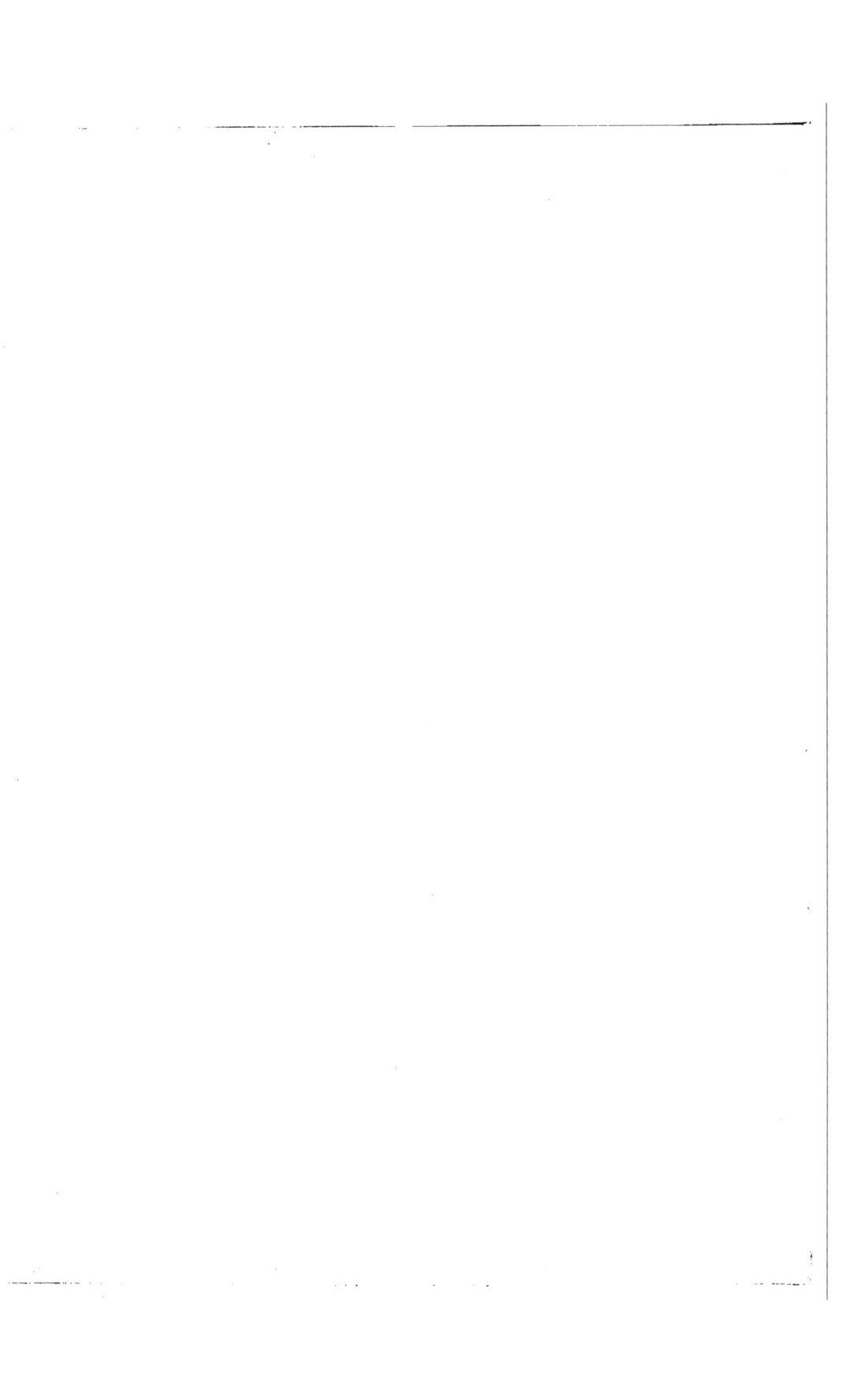

Eug. FIGUIÈRE et Cⁱᵉ Editeurs, 7, rue Corneille. — Paris

COLLECTION « ORPHÉE »

COLLECTION « VERS ET PROSE »

COLLECTION « ŒUVRES ET JOURS »

BIBLIOTHÈQUE DES XII

Edition ordinaire.

DIVERS